后浪出版公司

中国古代文化常识

漫画版

王力——主编　梦雨——编绘

古人的生活

江苏凤凰文艺出版社
JIANGSU PHOENIX LITERATURE AND ART PUBLISHING

目录

第四章

車馬篇

第五章

什物篇

本书出场角色

① 西北荒小人

传说西北荒中有种一寸长短的小人儿，穿朱衣，戴黑冠。人吃了它，终身不会被虫子咬，并能知道万事万物的名字。

《太平御览 · 卷三七八》: 西北荒中有小人焉，长一寸，围如长。朱衣玄冠，乘轺车，导引有威仪。人遇其乘车，并食之，其味辛楚，终不为虫豸所咋，并识万物名字。

② 普通的人类小女孩

没有什么知识，但有很多好奇。

3 狸猫

汉代称猫为狸。马王堆一号汉墓出土有“君幸食”漆食盘，盘面绘有狸猫形象若干，生动可喜。

《淮南子·主术训》：譬尤雀之见鸇，而鼠之遇狸也，亦必无余命矣。《韩非子·扬权》：使鸡司夜，令狸执鼠，皆用其能。

4 脉望

一种书虫。传说中蠹鱼吃了书上的“神仙”二字，就会化为脉望。明代藏书家赵琦美以此为号。

《西阳杂俎·续集·卷二》：据《仙经》曰：“蠹鱼三食神仙字，则化为此物，名曰脉望；夜以规映当天中星，星使立降。可求还丹，取此水和而服之，即时换骨上升。”

冠圈两旁有缨（yīng），这是两根小丝带，可以在颔（hàn）下打结。《史记·滑稽列传》记载："淳于髡（kūn）仰天大笑，冠缨索绝。"缨和緌（ruí）是同义词。区别开来说，緌是结余下垂的部分，有装饰的作用。

《史记·滑稽列传》：齐王使淳于髡之赵请救兵，赍金百斤，车马十驷。淳于髡仰天大笑，冠缨索绝。王曰："先生少之乎？"髡曰："何敢！"王曰："笑岂有说乎？"髡曰："今者臣从东方来，见道傍有禳田者，操一豚蹄，酒一盂，而祝曰：'瓯窭满篝，污邪满车，五谷蕃熟，穰穰满家。'臣见其所持者狭而所欲者奢，故笑之。"于是齐威王乃益赍黄金千镒，白璧十双，车马百驷。

古代冠不止一种，质料和颜色也不尽相同。秦汉以后，冠梁逐渐加宽，和冠圈连成覆杯的样子。冠的名目和形制也愈益复杂化了。

通天冠
天子所戴

高山冠
官员所戴

进贤冠
文儒所戴

鹖（hé）冠
武官在外所戴

斋冠
祭祀宗庙时所戴

术士冠
司天官所戴

獬豸（xiè zhì）冠
执法者所戴

委貌冠
公卿、诸侯、大夫所戴

樊哙冠
殿门卫士所戴

武弁大冠
武官所戴

却敌冠
卫士所戴

冕

冠又是冕和弁的总名。冕，黑色，是一种最尊贵的礼冠。最初天子诸侯大夫在祭祀时都戴冕，所以后来有“冠冕堂皇”这个成语。“冠冕”又可以用作仕宦的代称，它又被用来比喻“居于首位”。

冕冠配合冕服穿戴，是天子、诸侯、大夫参加祭祀时的礼服。后来“冕”的词义变窄了，专指帝王的礼冠。

冕的形制和一般的冠不同。冕上面是一幅长方形的版，叫延（綖），下面戴在头上。延的前沿挂着一串串的小圆玉，叫作旒（liú）。

冕的形制之所以复杂，不仅是为了装饰，其中也蕴含了很多规劝统治者的用意。

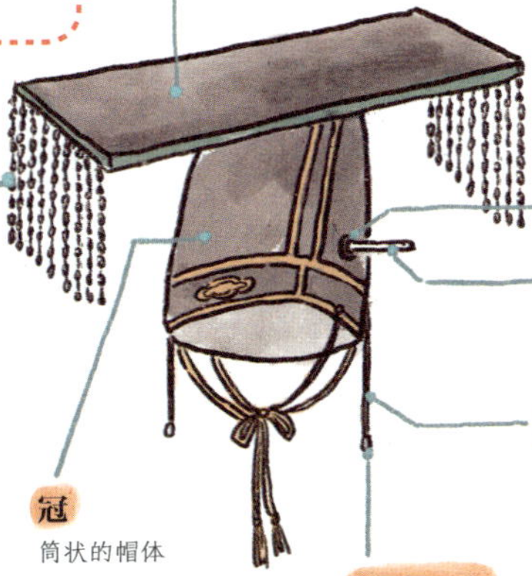

据说天子十二旒，诸侯以下旒数各有等差。后来只有帝王可以戴冕，所以“冕旒”可以用作帝王的代称。王维《和贾至舍人早朝大明宫之作》：“万国衣冠拜冕旒。”

正字通·方部

旒，以丝绳贯玉，垂冕前后也。

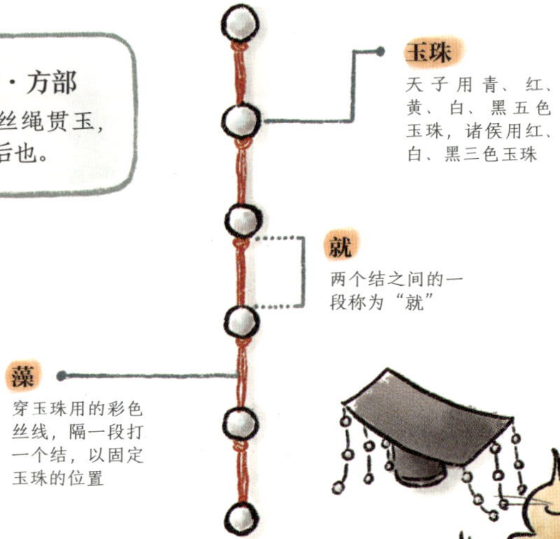

旒的数量与等级有关。天子的旒数最多。周代诸侯有“公、侯、伯、子、男”五等爵位制度，各有对应的旒数。

天子十二旒，每旒十二就

公九旒，每旒九就

侯、伯七旒，每旒七就

子、男五旒，每旒五就

金文中的“免”（冕）字，从人从冂，就是一个人戴着冠冕的形象。

冕服制度在周代确立，此后历代都有演变，这里谈的主要是周代的情况。

弁

弁也是一种比较尊贵的冠，有爵弁，有皮弁。爵弁据说就是没有旒的冕。皮弁是用白鹿皮做的，尖顶，类似后世的瓜皮帽。鹿皮各个缝合的地方缀有一行行闪闪发光的小玉石，看上去像星星一样，所以《诗经·卫风·淇奥》说“会（kuài）弁如星”。

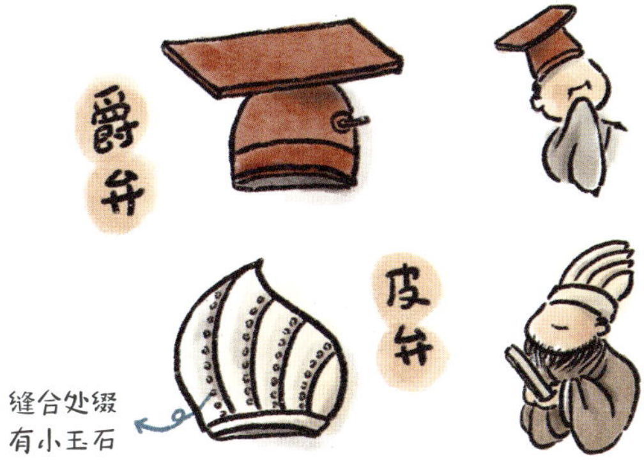

爵弁的颜色是红色中略带一点黑，古代称为“雀头色”，就是雀鸟头部的颜色。爵，通雀。

皮弁是白鹿皮做的，上面有一点毛，所以白色中略带一点浅黄色。

笄

冕弁加在发髻上时都要横插一根较长的笄（不同于发笄），笄穿过发髻，把冕弁别在髻上。然后在笄的一端系上一根小丝带，从颔下绕过，再系到笄的另一端。这根带子不叫缨而叫纮（hóng）。

关于纮固定在什么位置，周代的史料并未说明，也缺乏实物证据。历代学者对此有两种不同看法。

看法一 纮的两端都固定在冠圈上，和缨类似

*见《五经图》《事林广记》《周礼》郑玄注

看法二 纮的一头系在笄的左端，另一头绕过下巴，系在笄的右端

*见《三礼图》《周礼》贾公彦疏

总之就是要把帽子固定在头上吧。

此外，笄的两端各用一条名叫紞的丝绳垂下一颗玉来，名叫瑱。因为两瑱正当左右两耳，所以一名充耳，又叫塞耳。《诗经·卫风·淇奥》说："充耳琇莹"，就是指瑱说的。

附带说一说，古时贵族才能戴冠乘车，车有车盖，所以古人以"冠盖"为贵人的代称。"冠盖"又指仕宦的冠服和车盖，所以也用作仕宦的代称。

大同北魏司马金龙墓出土漆画（局部）

上古女性的发饰

在唐代之前，女性是不戴冠帽的，各种头衣都只是男性的服饰。女性通常把长发绾成发髻，用笄固定。后来又由笄逐渐发展出种种发饰，以装饰发髻，而发髻的式样也越来越繁复了。

笄

用以绾住头发的长针，主要用骨制作

花胜*

花朵或花枝形状的饰物，插在发前

*早期花胜没有出土实物，这张图是根据文献描述绘制的想象图

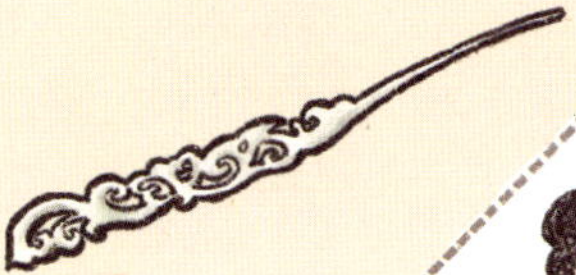

簪

笄发展到汉代以后称为簪，材料和式样更加丰富

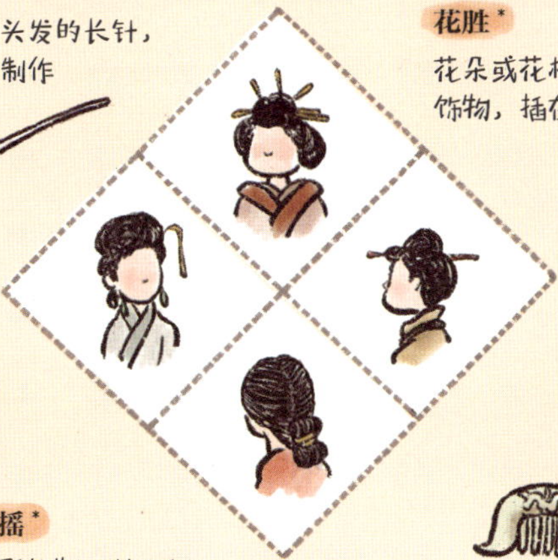

钗

类似簪，用于绾发，但是分为两股

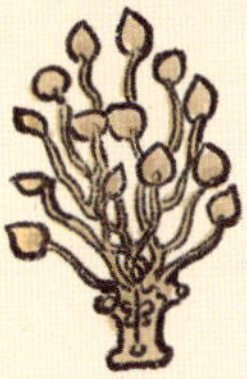

步摇*

树形饰物，枝上缀有花叶，走路时花叶随之摇动

梳篦（bì）

梳头用具，也常插在发髻上作为装饰，有各种精美样式

*这里说的是早期的步摇，后世另有一种步摇簪，是端头带有垂珠的簪子

古时女性以浓密如云的乌发为美，因此很早就使用假发，叫作“髢（dí）”，掺入真发中以增加发量。春秋时，卫国国君卫庄公见到一位女子头发很好，就让人把她的头发剪下来，给自己的妻子做假发用。

《左传·哀公十七年》：初，公自城上见己氏之妻发美，使髡之，以为吕姜髢。

巾帻

庶人的头衣和统治阶层不同。他们不但没有财力制置冠弁，而且统治阶层还不让他们有戴冠弁的权利。《释名·释首饰》：“士冠，庶人巾。”可见庶人只能戴巾。《玉篇》：“巾，佩巾也。本以拭物，后人着之于头。”可见庶人的巾大约就是劳动时擦汗的布，一物两用，也可以当作帽子裹在头上。直到汉代，头巾仍用于庶人和隐士。

甲骨文的“巾”字

随身携带的手巾，用以擦拭

《说文》：巾，佩巾也。

包在头上的头巾，后来演变成帽子

《说文》：发有巾曰帻。

帻（zé），就是包发的巾。蔡邕《独断》：“帻者，古之卑贱执事不冠者之所服也。”庶人的帻是黑色或青色的，庶人既不许戴冠，只许戴巾帻，在头衣的制度上就有深刻的阶级内容。所以秦称人民为黔首（黔，黑色），汉称仆隶为苍头（苍，青色），都是从头衣上区别的。

秦汉时期戴帻的平民形象

帻有压发定冠的作用，所以后来贵族也戴帻，那是帻上再加冠。这种帻，前面高些，后面低些，中间露出头发。现在戏台上王侯将相冠下也都有帻，免冠后就露出帻来了。此外还有一种比较正式的帻，即帻之有屋（帽顶）者。戴这种帻可以不再戴冠。

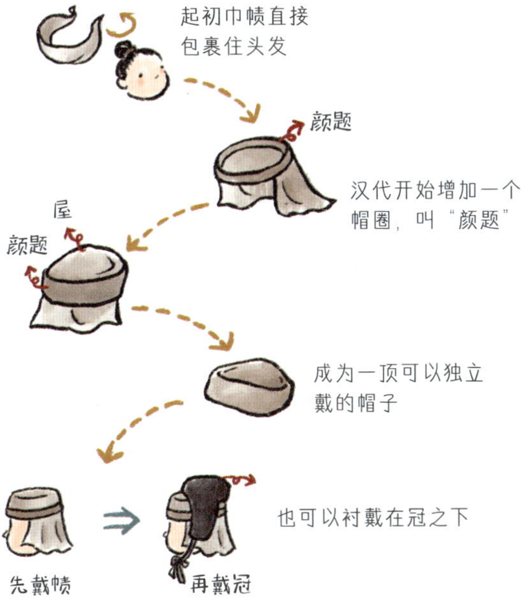

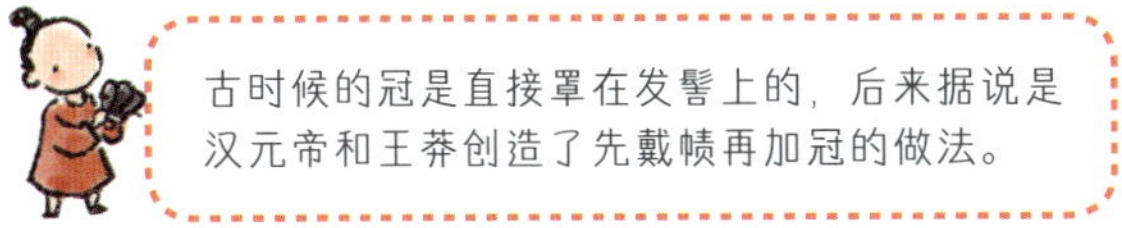

《晋书·舆服志》：帻者，古贱人不冠者之服也。汉元帝额有壮发，始引帻服之。王莽顶秃，又加其屋也。

帻本覆额，戴帻而露出前额，古人叫作岸帻（岸是显露的意思），这表示洒脱不拘礼节。《晋书·谢奕传》：“岸帻笑咏，无异常日。”

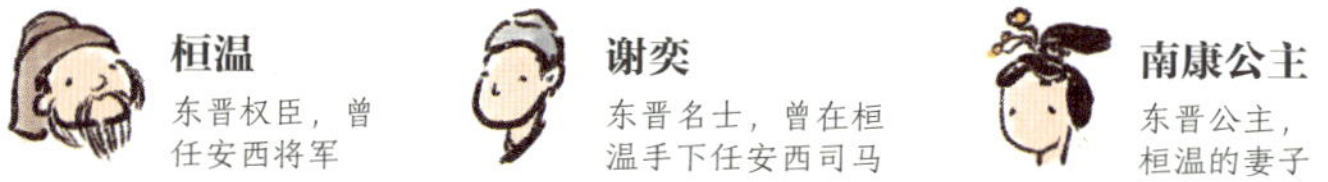

《晋书·谢奕传》：（谢奕）与桓温善。温辟为安西司马，犹推布衣好。在温坐，岸帻笑咏，无异常日。桓温曰：“我方外司马。”奕每因酒，无复朝廷礼，尝逼温饮，温走入南康主门避之。

帽

帽，据说是没有冠冕以前的头衣，《荀子·哀公》篇：“哀公问舜冠于孔子”“孔子对曰：古之王者有务而拘领者矣”，杨倞（jìng）注：“务读为冒”，意思是说务就是帽。《说文》说，冃（mào）是小儿及蛮夷的头衣，冃是古帽字。

*拘领：曲领，指便服，一说指下垂绕颈的帽子

《荀子·哀公》：鲁哀公问舜冠于孔子，孔子不对。三问，不对。哀公曰：“寡人问舜冠于子，何以不言也？”孔子曰：“古之王者有务而拘领*者矣，其政好生而恶杀焉，是以凤在列树，麟在郊野，乌鹊之巢，可俯而窥也。君不此问而问舜冠，所以不对也。”

但是上古文献中很少谈及帽。魏晋以前汉人所戴的帽只是一种便帽，《世说新语·任诞》说，谢尚“脱帻着帽”“酣饮于桓子野家”，可见当时的帽还是一种便帽。后来帽成为正式的头衣，杜甫《饮中八仙歌》说，张旭“脱帽露顶王公前”，脱帽没有礼貌，可见戴帽就有礼貌了。

裳

上文说过，古代衣裳并举时，衣只指上衣，下衣叫作裳。《诗经·邶（bèi）风·绿衣》说："绿衣黄裳。"《诗经·齐风·东方未明》说："颠倒衣裳。"但是裳并不是裤而是裙。《说文》说："常（裳），下帬（裙）也。"衣裳连在一起的叫作深衣。

礼记·深衣

短毋见肤，长毋被土。
续衽钩边。要缝半下。
袼之高下，可以运肘。
袂之长短，反诎之及肘。

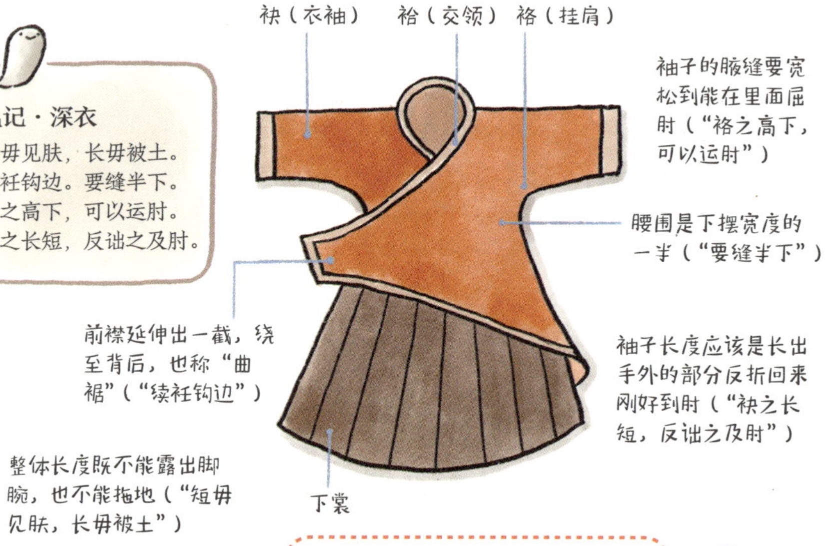

上古时，深衣是贵族的便服，也是平民的礼服，男女都可以穿。深衣形制后来有许多发展演变，对后世的服装影响深远。

据说礼服有两套相同的佩玉，腰的左右各佩一套。每套佩玉都用丝绳系联着。上端是一枚弧形的玉叫珩（héng），珩的两端各悬着一枚半圆形的玉叫璜，中间缀有两片玉，叫作琚（jū）和瑀（yǔ）。两璜之间悬着一枚玉叫作冲牙。走起路来冲牙和两璜相触，发出铿锵悦耳的声音。

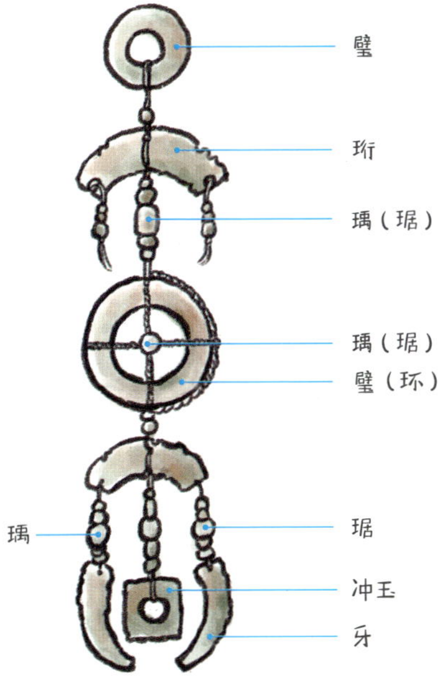

战国组玉佩形制复原图

《诗经·郑风·女曰鸡鸣》说："杂佩以赠之。"据旧注，"杂佩"就是这套佩玉。此外，古书上还常常谈到佩环、佩玦（jué，指有缺口的佩环）。妇女也有环佩。

《诗经·郑风·女曰鸡鸣》：知子之来之，杂佩以赠之。知子之顺之，杂佩以问之。知子之好之，杂佩以报之。

裘

裘和袍是御寒的衣服。《诗经·桧风·羔裘》说："羔裘如膏，日出有曜。"《诗经·小雅·都人士》说："彼都人士，狐裘黄黄。"可见古人穿裘，毛是向外的，否则不容易看见裘毛的色泽。

《说文》：古者衣裘，以毛为表。

在行礼或接见宾客时，裘上加一件罩衣，叫作裼（xī）衣，否则被认为不敬。裼衣和裘，颜色要相配，所以《论语·乡党》说："缁衣，羔裘；素衣，麑（ní）裘；黄衣，狐裘。"平常家居，裘上不加裼衣。庶人穿犬羊之裘，也不加裼衣。

裼衣和裘的搭配规则

羔皮裘	麑皮裘	狐皮裘	犬皮裘 / 羊皮裘
配黑色裼衣	配苍黄色裼衣	配黄色裼衣	不配裼衣

《礼记·玉藻》：君子狐青裘豹袖，玄绡衣以裼之。麛裘青犴袖，绞衣以裼之。羔裘豹饰，缁衣以裼之；狐裘，黄衣以裼之。锦衣狐裘，诸侯之服也。犬羊之裘不裼。郑玄注："凡裼衣，象裘色也。"

袍

袍是长袄，据说里面铺的是乱麻（缊，yùn）。一般说来，穷到穿不起裘的人才穿袍。《论语·子罕》：“衣敝缊袍，与衣狐貉者立，而不耻者，其由也与？”可见穿袍穿裘有贫富的差别。汉以后有绛纱袍、皂纱袍，袍成了朝服了。

袍这个词，上古的时候专指里面铺了麻或绵的长衣，后来逐渐变成一切长衣的通称。上古时只有夹袍才叫袍，但到汉代，就出现了纱袍、绫袍等，单袍也可以叫袍了。

荆州马山一号楚墓出土凤鸟花卉纹绣绵袍

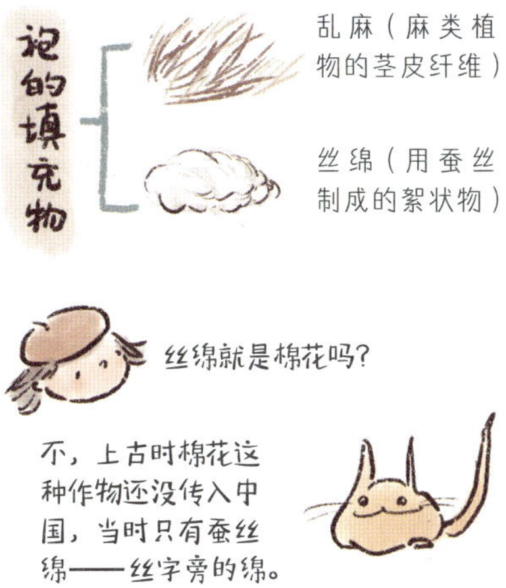

论语·子罕

衣敝缊袍，
与衣狐貉者立，
而不耻者，
其由也与？
不忮不求，
何用不臧？

仲由穿着破烂的絮袍，和穿着名贵皮裘的人站在一起，并不觉得自卑，也不嫉妒，这不是很好的品德吗？

衮

衮（gǔn），这是天子和最高级的官吏的礼服。据说衮上绣有蜷曲形的龙。后代所谓“龙袍”就是衮的遗制。

“衮”在上古只有很简短的文献记载，没有留下图像。这种礼服究竟应当是什么样子，后世已无从确知，因此，衮服形制在历朝历代不断调整变化，到明代形成了一种饰有大量团龙纹的袍服，叫“衮龙袍”，是今天最为人熟知的天子礼服形象。

汉代的经学家们对衮服的形制有过很多讨论……

……到了明代，衮服的形制确定为绣有团龙的袍服。

织物

上古时代还不懂得种棉花。所谓“絮”，所谓“绵”，都只是丝绵。（依《广韵》，精的叫绵，粗的叫絮。其实上古一般都叫絮。）因此，上古所谓布并不是棉织品，而是麻织品或葛织品。

上古时候的布，主要是以葛、麻两种植物为原料造出来的葛布和麻布，其中葛布出现得更早。棉布则要到宋元时期，棉花种植推广之后才普遍出现。

古人是怎样织布的？

所谓“纺织”，“纺”是将天然动植物纤维制成线，而“织”则是将经线和纬线横纵交织，编结成布。

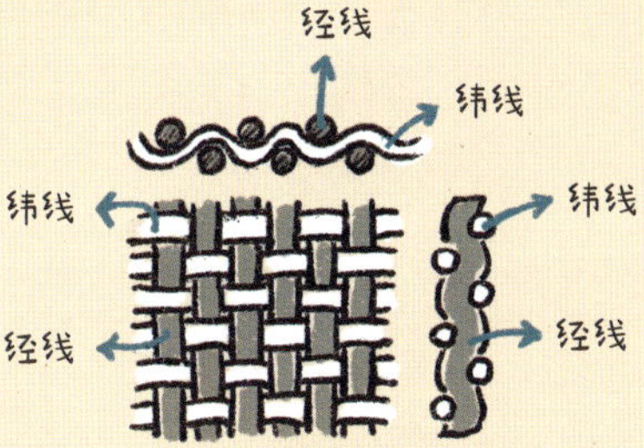

起初，古人受到织网的启发，“手经指挂”，把细线紧密编织起来，或者用骨针带着纬线在经线中穿织，就得到了原始的布。

大约七千年前，出现了简易的“踞织机”，也叫“腰机”。织工席地踞坐，用脚蹬住经轴，绷紧经线，一手来回穿引纬线，一手将纬线打紧。

汉代出现了斜织机，采用脚踏板提综（提起经线，上下分开），是纺织史上的重大发明，大大提高了生产效率。后世更加先进的织布机都是以斜织机为基础发展而来的。

帛则是丝织品的总称。布与帛也形成了低级衣服与高级衣服的对比，贫贱的人穿不起丝织品，只能穿麻织品，所以“布衣”成了庶人的代称。

最粗劣的一种衣服称为“褐”，这是用粗植物纤维编织的，所以贫苦的人被称为“褐夫”。《孟子·滕文公上》说，许行之徒“皆衣褐，捆屦织席以为食”，这是说过着劳动人民的生活。扬雄《解嘲》说“或释褐而傅”，这是说脱掉粗劣的衣服做大官去了。后世科举新进士及第授官，也沿称“释褐”。

关于“褐”是用什么材料做的，古人有粗麻和兽毛两种说法，但本质都一样，就是底层贫苦人民所穿的粗糙衣物。

典故·释褐而傅

“释褐而傅”是殷商名臣傅说（yuè）的典故。傅说本是一名奴隶，商王武丁看重他的才能，拜他为相。后来“释褐而傅”就用来形容始任官职。这里的“傅”指太傅，古代一种地位很高的官职。

襦裙袿

上古时代，男女服装的差别似乎不很大。直到中古，男女服装也还不是严格分开的。

东周·上襦下裙　　汉·曲裾袍　　北魏·褶衣和裤　　东晋·上衫下裙

试举“襦”（rú，短袄）、“裙”为例。乐府诗《陌上桑》：“缃绮为下裙，紫绮为上襦。”这里“襦”和“裙”是妇女的服装。但是《庄子·外物》“未解裙襦”，并非专指妇女。《南史·张讥传》载梁武帝以裙襦赐给张讥，可见男人也是穿着裙襦的。

袿（guī）被解释为妇女的上衣，这大概是可信的。宋玉《神女赋》“被袿裳”，曹植《洛神赋》“扬轻袿之绮靡”，可以为证。

释名·释衣服

妇人上服曰袿，
其下垂者，
上广下狭，
如刀圭也。

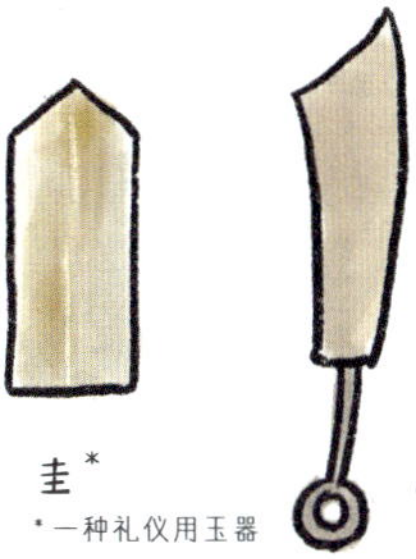

圭*

刀

*一种礼仪用玉器

袿这种上衣的具体式样已经很难查考，只知道它会垂下尖尖的衣角，像是刀或者圭的形状。

一些汉魏时期的文物和绘画中，还能看到这种下摆带有尖角的衣饰。

河南南阳出土东汉画像石

河南新野出土东汉画像砖

东晋《洛神赋图》（北宋摹本）

东晋《列女仁智图》（北宋摹本）

唐宋以后，妇女着裙之风大盛，男以袍为常服，女以裙为常服。

唐代女性的日常服饰，大多是上身穿襦、衫、半臂等短上衣，下身系裙。从初唐到晚唐，衣裙的款式日趋宽大。此外，还流行在肩背上披长长的披帛。

宋代女性仍然以上衣下裙为日常装束，但比唐代趋向窄瘦合体。宋代又兴起一种叫作“背子”的长衣，比前代的背子明显加长，是贵族与平民普遍穿着的服装。

裤

上古有裳无裤。上古文献中有个绔（kù）字，又写作袴（kù），按字音说，也就是后代的裤字。但是上古所说的裤（绔），并不等于今天所谓裤。《说文》：“绔，胫衣也。”可见当时所说的袴，很像今天的套裤，所不同者，它不是套在裤子外面的。

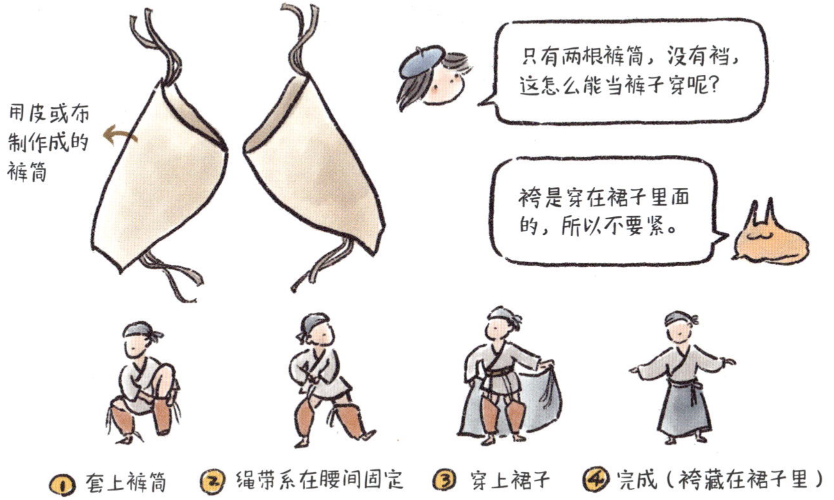

出土文物中还发现了另一种袴，裤管连为一体，前裆闭合，后裆开敞。这是已知年代最早的袴的实物。因此，也有学者认为古代袴的典型形制不是套裤，而应当是这样一体的开裆裤。

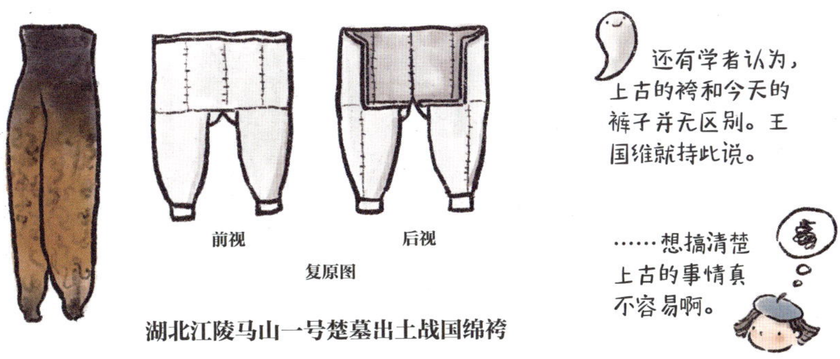

湖北江陵马山一号楚墓出土战国绵袴

裤的作用是御寒。《太平御览》引《列士传》“冯援［冯谖（xuān）］经冬无袴，面有饥色”，又引《高士传》“孙略冬日见贫士，脱袴遗之”，都可为证。

清代的蒙古摔跤服饰

有裆的裤子叫裈（kūn），又写作㡓。《释名·释衣服》说：“裈，贯也，贯两脚，上系腰中也。”

有裆的裤子出现较晚，起初是游牧民族为方便骑马而设计的，传入中原后，先在劳动者中普及开来，到南北朝时成为正式服装，与紧身短上衣搭配，合称“裤褶（xí）服”。此后一直到清代，裈和袴并都是并存的两种裤装。

此外有一种裈，类似后世的短裤衩，形似犊（dú）鼻，叫犊鼻裈，穿起来便于劳动操作。《史记·司马相如列传》说，司马相如在临邛（qióng）“身自着犊鼻裈”，和奴婢们一起洗涤食具。

《史记·司马相如列传》：相如身自着犊鼻裈，与庸保杂作，涤器于市中。

●犊鼻裈为什么叫犊鼻裈？

邪幅

古人用一块布斜裹在小腿上，叫邪幅或幅（偪）。《左传·桓公二年》：“带裳幅舄（xì）。”《诗经·小雅·采菽》：“邪幅在下。”郑玄注：“邪幅，如今行縢（téng）也；偪束其胫，自足至膝，故曰‘在下’。”上古的邪幅如同汉代的行縢，相当于后世的裹腿。

邪幅

邪通“斜”，斜裹在小腿上的布片，用带子系住

行縢

也叫行缠，用布条在小腿上一圈圈缠紧

蔽膝

遮盖大腿至膝部的皮或布帛，有点像围裙

膝裤

套在小腿上的布筒，类似现在的护膝，但更长

鞋

上古的鞋叫屦（jù），有麻屦、葛屦等。据说葛屦是夏天穿的，冬天穿皮屦。一般的屦是用麻绳编成的。编时要边编边砸，使之结实，所以《孟子·滕文公上》说“捆屦织席”。

上古的屦，用葛、麻、草、皮、丝制作，是单层底的鞋。其中，丝屦是贵族才能穿的奢侈品。

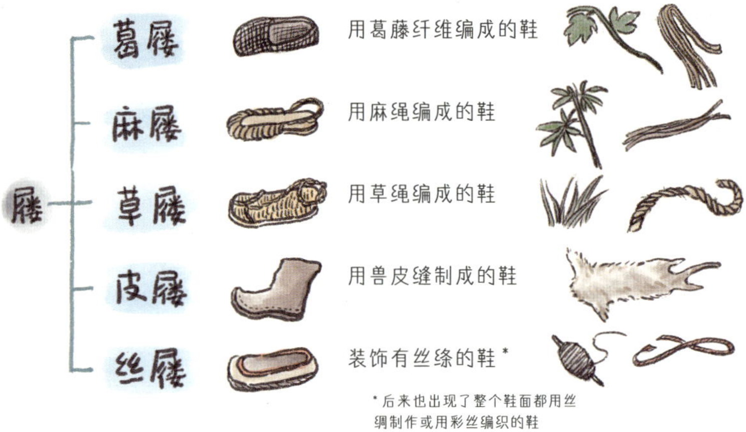

典故·屦及剑及

春秋时楚庄王听说自己派往齐国的使者被杀，急于出兵报仇，立刻冲出门去，给他拿鞋的人直追到门口，给他捧剑的人追到门外才追上。后来就用“屦及剑及”形容行动果断迅速。

舄（xì）是屦的别名。区别开来说，单底叫屦，复底叫舄。《方言》说，屦中有木者叫复舄，可以走到泥地里去，不怕泥湿。

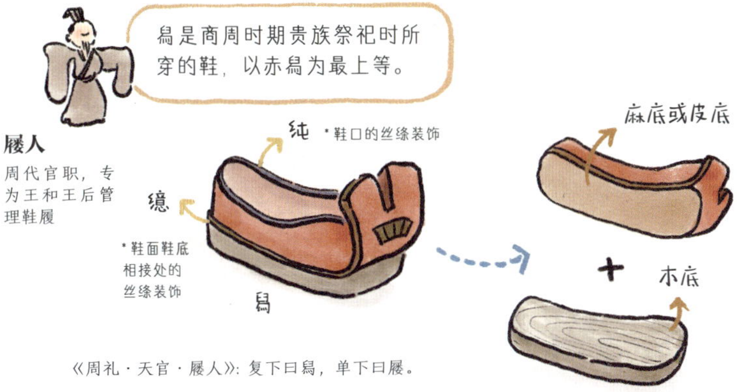

《周礼·天官·屦人》：复下曰舄，单下曰屦。

履（lǚ）字本是动词，是践的意思。《诗经·魏风·葛屦》说："纠纠葛屦，可以履霜。"战国以后履字渐渐用为名词。《荀子·正名》："麤（cū，同'粗'）布之衣，麤紃（xún，鞋带）之履，而可以养体。"《史记·留侯世家》："孺子，下取履。"

大约从汉代开始，"履"字代替了"屦"字，成为鞋的统称，有时也特指单底的鞋。布帛做的鞋也在这一时期出现了。元代以后，随着棉花种植的普及，棉布鞋成为民间最常见的鞋履。

西汉·丝履

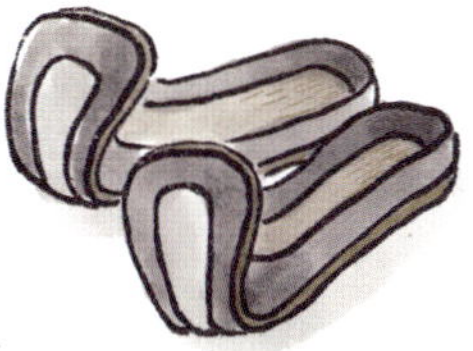

南北朝·笏头履

唐代·云头锦履

翘头是古代鞋履的重要特征，一般认为这是由于翘起的鞋头能托起裙袍的边沿，防止行走时踩到裙袍而摔倒。

古人的草鞋叫蹝（躧、屣，读 xǐ），又叫屩（跻，读 juē）。《孟子·尽心上》：“舜视弃天下犹弃敝蹝也”，敝蹝就是破草鞋。

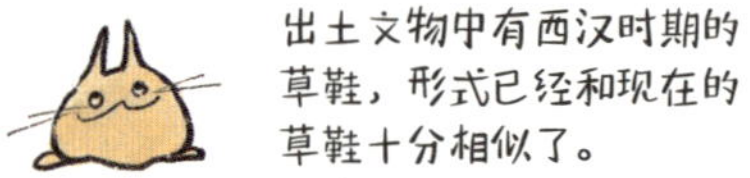

湖北江陵凤凰山西汉墓出土草鞋

编草鞋的方法

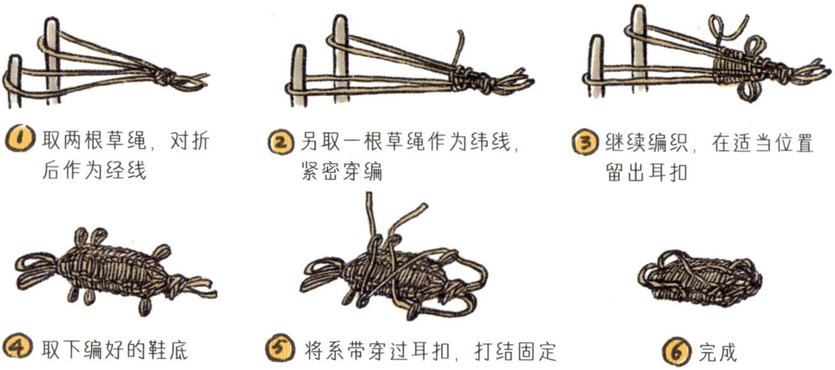

《史记·虞卿列传》说虞卿“蹑跻檐（担）簦（dēng）说赵孝成王”，就是穿着草鞋，掮（qián）着长柄笠（相当于后世的雨伞）去游说赵孝成王。

屐（jī）是木头鞋。屐和舄不同。舄的底下只衬一块薄板，甚至只是复底，而屐底下是厚板，而且前后有齿。

《世说新语·雅量》：阮遥集好屐。……或有诣阮，见自吹火蜡屐，因叹曰："未知一生当着几量屐！"

《宋书·谢灵运传》记载，谢灵运常着木屐，上山则去前齿，下山则去后齿。可见屐是有齿的。战国时代就开始有屐。《庄子·天下》提到墨子之徒"以跂（jī）跻为服"，跂就是屐字。但不知当时的屐有没有齿。

《宋书·谢灵运传》：谢灵运……登蹑常着木屐，上山则去前齿，下山去其后齿。

古书上用皮屦、革舄、革履、韦履等词来指用皮做的鞋子。皮鞋比较贵重，一般人穿不起。《说文》:“鞮（dī），革履也，胡人履连胫谓之络鞮。”络鞮就是后代所谓靴，可见靴是由少数民族传入的。

靴是鞋筒高过脚踝的鞋。上古的舄和屦也有用皮做的，但是没有皮靴，到东周时，赵武灵王推行胡服骑射，靴才从胡地传入中原。

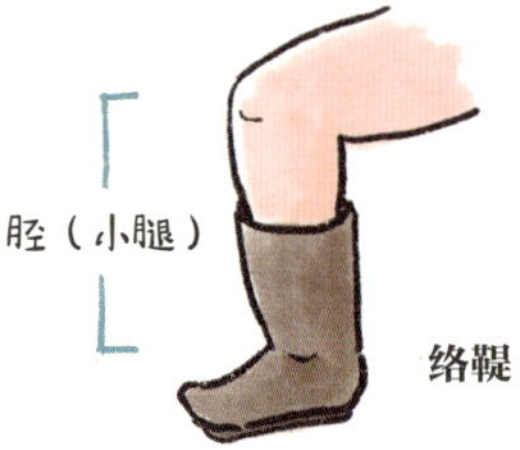

《史记·赵世家》：王曰：“今吾将胡服骑射以教百姓，而世必议寡人，奈何？”肥义曰：“臣闻疑事无功，疑行无名。王既定负遗俗之虑，殆无顾天下之议矣。”

到了唐代，靴成为最流行的男鞋款式，“乌皮六合靴”（用六块皮缝合成的黑色靴）是官员上朝的标配。女性有时也会穿。

鞋字古作鞵（xié）。《说文》：“鞵，生革鞮也。”可见鞋是鞮的一种。后来鞋字变成了鞋类的总称，所以有麻鞋、草鞋、芒鞋、丝鞋等。

岐头履
贵族男女所穿

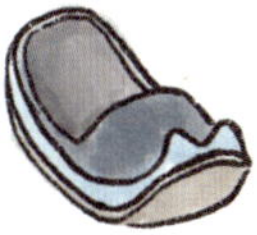

如意翘头履
女性所穿

皂鞋
男女日常所穿

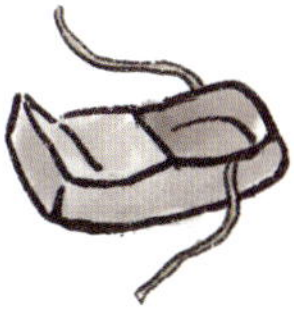

方口翘头履
军士所穿

弓鞋
缠足女性所穿

麻编鞋
西域男女所穿

唐吐马
蒙古族女性所穿

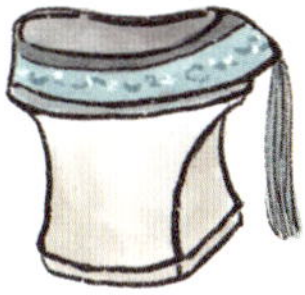

旗鞋
满族女性所穿

乌皮靴
男性日常所穿

钉靴
雨天所穿

樶
行走泥地所穿

袜

最后说一说韤（wà，袜）。《说文》说韤是足衣。大约是用皮做的，所以写作韤。古人以跣（xiǎn）足为至敬，登席必须脱韤。《左传·哀公二十五年》：“褚师声子韤而登席。”这是对人君无礼。韤字后来又写作絉，这暗示韤的质料改变了。

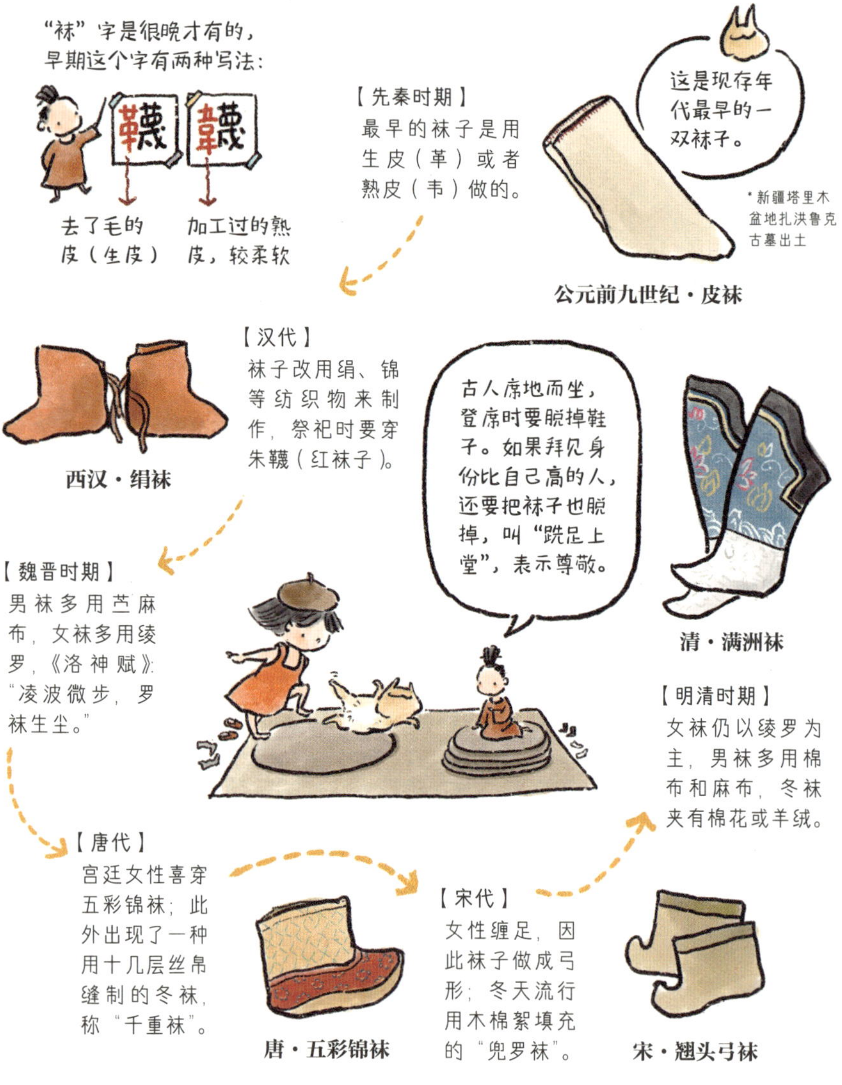

给动物穿的衣服

动物是和人类一起生活在地球上的朋友。虽然动物自己一般不穿衣服，但古人出于种种目的，也会给动物做一些衣服穿。

牛衣 牛衣是一种用麻或草编织的蓑衣，用来给耕牛御寒。西汉名臣王章早年生活贫苦，病中只能用牛衣当被子盖，与妻子相向哭泣。因此有“牛衣对泣”一词，形容夫妻共守贫寒。

象衣 大象在古代被视为瑞兽，汉魏以来，历朝卤簿（帝王仪卫）都用训练有素的大象担当仪仗兵，以其庞大的身躯显示皇家威仪。这些大象被称为“仪象”，通常都要穿戴华丽的服饰。

马衣 春秋时期，楚庄王有一匹心爱的马，他给这匹马穿上漂亮的锦绣衣服，养在富丽堂皇的屋子里，让它睡床，喂它吃很多好吃的。后来马吃得太肥，病死了。

猴衣 唐昭宗宠爱身边的一只猴子，为它取名“孙供奉”，将四、五品官员才能穿的绯袍赏给它穿。当时有人写诗讽刺：“十二三年就试期，五湖烟月奈相违。何如学取孙供奉，一笑君王便著绯。”

狗衣 清代的雍正皇帝喜爱狗，常常让内务府造办处为他宠爱的狗定制衣服和头套，并且亲自指定各种式样，穿上之后，可以把狗打扮成麒麟、老虎、狻猊、豹子、马，以及猪。

岂曰无衣？
与子同袍。

飲食篇

prr....

五谷

上古的粮食作物有所谓五谷、六谷和百谷。按照一般的说法，五谷是稷（jì）、黍（shǔ）、麦、菽（shū）、麻；六谷是稻、稷、黍、麦、菽、麻。

关于五谷和六谷的具体种类，古人还有别的说法，例如“稻黍稷麦菽”等。这里就不一一列举了。

稻

六谷比起五谷来只多了一种稻，这显然是因为水稻本是南方作物，后来才传到北方来的。至于百谷，不是说上古真有那么多的粮食品种，而是多种谷物的意思。

① 稻最早是野生的。大约十万年前，野生水稻已经在世界上有多处分布，其中就包括长江中下游地区。

② 考古证据表明，一万多年前，人类就发现野生稻的种子可以食用，并开始人工栽培。

③ 驯化的水稻在长江流域出现后，很快向四面八方传播。

* 也有学者认为印度的水稻是独立起源的

④ 稻作虽然很早就传入北方，但并不普及，只有士大夫才吃得起。

《论语·阳货》：子曰："食夫稻，衣夫锦，于女安乎？"

⑤ 宋代大力推广稻作，水稻成为全国产量最高的粮食作物，在北方的种植规模也越来越大了。

汉语词汇中的稻文化

作为中国古代最重要的粮食作物，稻对中国文化的发展产生过深远影响。我们平时使用的很多词，本义都和稻米有关，只是现在我们已经不太能意识到了。

精粹

“精”本来指经过精选的米，“粹”是从米粒中去掉杂质。后来用以形容品质上佳。

粲

“粲”这个字本来的意思是指上等的白米。后来就引申为鲜明、美好的意思。

糟粕

这个词本来的意思是用米酿酒之后剩下的渣滓。后来用于比喻没有价值的东西。

* 酒糟可以喂猪

糊

“糊”本来的意思是米煮成的黏稠的粥，后来引申为头脑不清楚，不明事理。

粗糙

“粗”的本义是粗粮，“糙”指还没有舂细的米。后来成为形容拙劣、草率的贬义词。

稷

稷是小米，又叫谷子。稷在古代很长一段时期内是最重要的粮食。古人以稷代表谷神，和社神（土神）合称为社稷，并以社稷作为国家的代称。由此可见稷在上古的重要性。

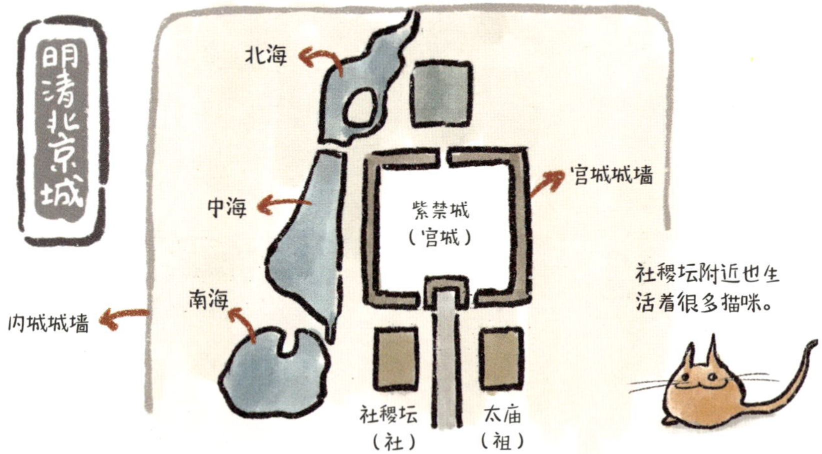

黍

黍是现代北方所说的黍子，又叫黄米。《诗经》里常见黍稷连称，可见黍在上古也很重要。上古时代，黍被认为是比较好吃的粮食，所以《论语·微子》说：“杀鸡为黍而食之。”

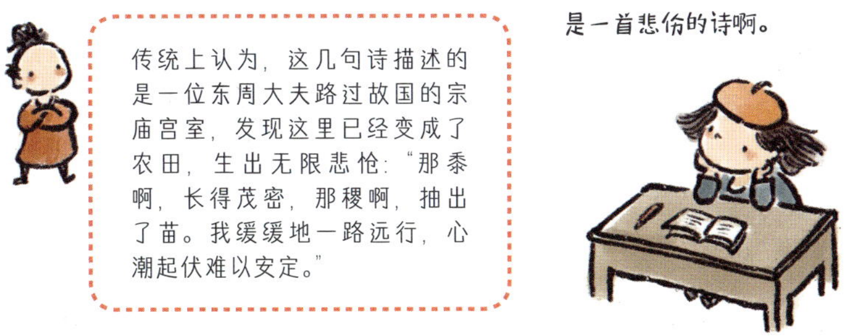

麦

麦有大麦小麦之分。古代大麦叫麰（móu），又名来牟。

	种子形状	麦芒长度	生长环境	主要用途
大麦	较细，两头较尖	较长	生长在寒冷潮湿的环境	做饲料，酿酒
小麦	两头较圆	较短	生长在温暖干燥的环境	加工面粉（也能酿酒）

菽

菽就是豆。上古只称菽，汉以后叫豆。

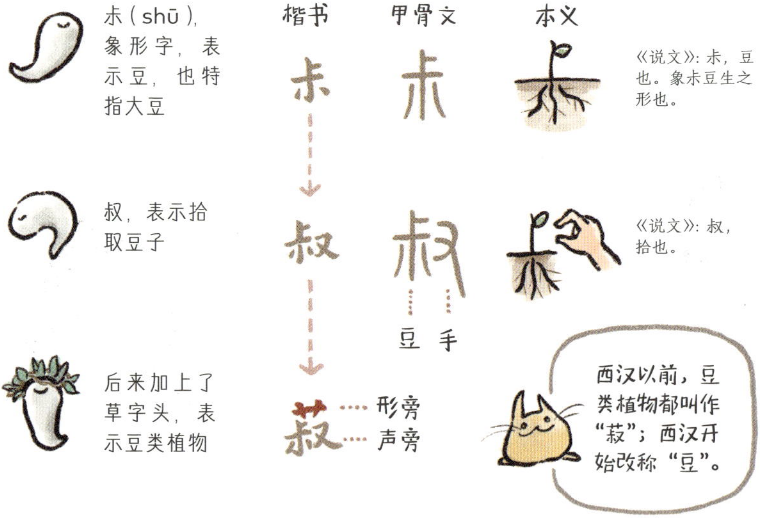

麻

麻指大麻子，古代也供食用，后世还有吃麻粥的。《诗经·豳（bīn）风·七月》“九月叔苴（jū）”，苴就是麻子。麻不是主要的粮食作物，古代以丝麻或桑麻并称，那是指大麻的纤维。

诗经·豳风·七月

九月叔苴，采荼薪樗，食我农夫。

谷禾粟粱

现在说一说谷禾粟粱。谷是百谷的总称。禾本来专指稷，后来逐渐变为一般粮食作物的通称。粟本来是禾黍的籽粒，后来也用作粮食的通称。

谷是各种粮食作物的通称，因此古人用“五谷不分”来形容那些不事生产的人。这个说法出自《论语 · 微子》，讲的是子路遇见荷蓧*（diào）丈人的故事。

* 古代一种竹编的农具，类似竹篓

《论语 · 微子》：子路从而后，遇丈人，以杖荷蓧。子路问曰：“子见夫子乎？”丈人曰：“四体不勤，五谷不分，孰为夫子？”

典故 · 不食周粟

商朝灭亡后，伯夷和叔齐两兄弟不认同周朝的统治，隐居山中，不吃周朝的粮食，最终饿死。后来用以比喻坚守气节。

粱是稷的良种。古人常以稻粱并称，认为这两种谷物好吃；又以膏粱或粱肉并称，认为是精美的膳食。

“膏粱”也用来代指富贵人家

干粮

粮食炒成干粮叫糗（qiǔ），也叫糇（hóu）粮。《诗经·大雅·公刘》：“迺（nǎi，同乃）裹糇粮。”粮字本身也指的是干粮，行军或旅行时才吃粮。所以《庄子·逍遥游》说：“适千里者，三月聚粮。”

这几句诗说的是周人的祖先公刘，带领大家划分田地，收割粮食，装进粮仓，准备干粮，装进背囊，迁居往更安定的地方。

囤点粮食好过冬。

肉食

古人以牛羊豕为三牲。祭祀时三牲齐全叫太牢；只用羊豕不用牛叫少牢。牛最珍贵，只有统治阶层吃得起，比较普遍的肉食是羊肉，所以美（美味）羞（馐）等字从羊，羹字从羔从美。

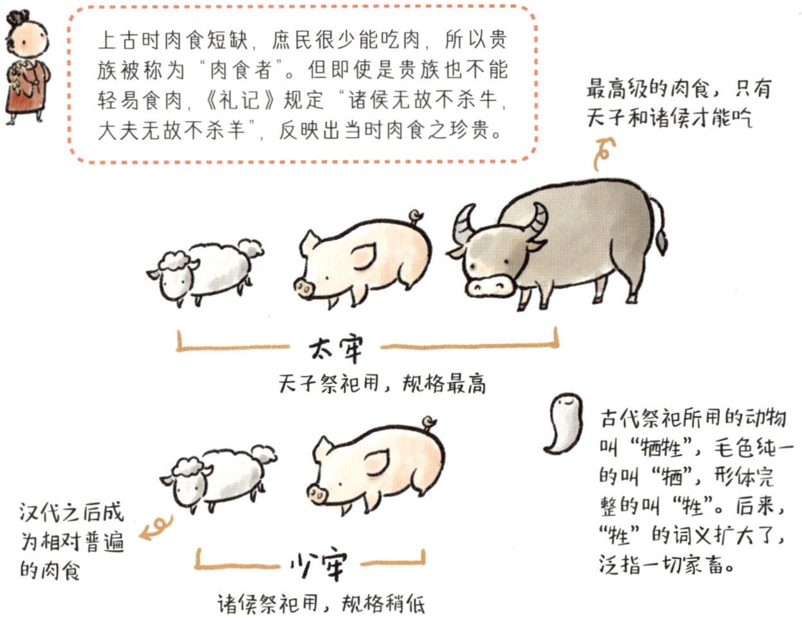

古人也吃狗肉，并有以屠狗为职业的，汉代樊哙即“以屠狗为事”。《汉书·樊哙传》颜师古注：“时人食狗，亦与羊豕同，故哙专屠以卖。”可见唐人已经不吃狗了。

上古干肉叫脯（fǔ），叫脩（xiū），肉酱叫醢（hǎi）。本来醢有多种：醓（tǎn）醢（肉酱）外，还有鱼醢、蜃（shèn）醢（蛤蜊酱）等。但一般所谓醢则指肉酱而言。

《周礼》郑玄注：作醢及臡者，必先膊干其肉，乃复莝之，杂以粱麴及盐，渍以美酒，涂置甀中，百日则成矣。

腌制食品

上古已有醋，叫作醯（xī）。有了醯，就可制成酸菜、泡菜，叫作菹（zū）。细切的瓜菜做成的叫齑（jī）。腌肉腌鱼也叫菹（zū），所以有鹿菹、鱼菹等。在这个意义上，菹与醯相近。

宋代有位姓吴的女性，善烹饪，她所著的菜谱《浦江吴氏中馈录》中，就记载了形形色色腌制食品的做法。

胡萝卜鲊

笋鲊

瓜齑

茭白鲊

水腌鱼

蟹生

酒腌虾

蛏鲊

糟姜

酱香橼

酱梨子

酱佛手

黄雀鲊

腌盐韭

蒜瓜

万物皆可腌

吃点东西，休息一下。

羹

除了干肉（脯）和肉酱（醢）以外，上古还吃羹。据说有两种羹，一种是不调五味不和菜蔬的纯肉汁，这是饮的。《左传·桓公二年》：“大羹不致，粢（cí）食不凿，昭其俭也。”所谓“大（太）羹”，就是这种羹。

另一种是肉羹，把肉放进烹饪器里，加上五味煮烂。所谓五味，据说是醯、醢、盐、梅和一种菜。这菜可以是葵，可以是葱，可以是韭。

《周礼》郑玄注：镬，所以煮肉及鱼腊之器。既孰，乃脀于鼎，齐多少之量。

另一说牛羹用藿，羊羹用苦（苦菜），豕羹用薇。《尚书·说命》：“若作和羹，尔惟盐梅。”可见咸与酸是羹的主要的味道。《孟子》所谓“一箪（dān）食，一豆羹”，大概就是这种羹。《左传·隐公元年》载郑庄公赐颍考叔食，颍考叔“食舍肉。公问之。对曰：‘小人有母，皆尝小人之食矣，未尝君之羹。请以遗之。’”大概也是这一类的肉羹。

《左传·隐公元年》：颍考叔为颍谷封人，闻之，有献于公。公赐之食。食舍肉。公问之，对曰：“小人有母，皆尝小人之食矣，未尝君之羹。请以遗之。”

家禽

上古家禽有鸡、鹅、鸭。鹅又叫作雁。鸭字是后起的字，战国时代叫作鹜（wù），所以《楚辞·卜居》说：“将与鸡鹜争食乎？”鸭又叫作舒凫（fú），和野凫（野鸭）区别开来。

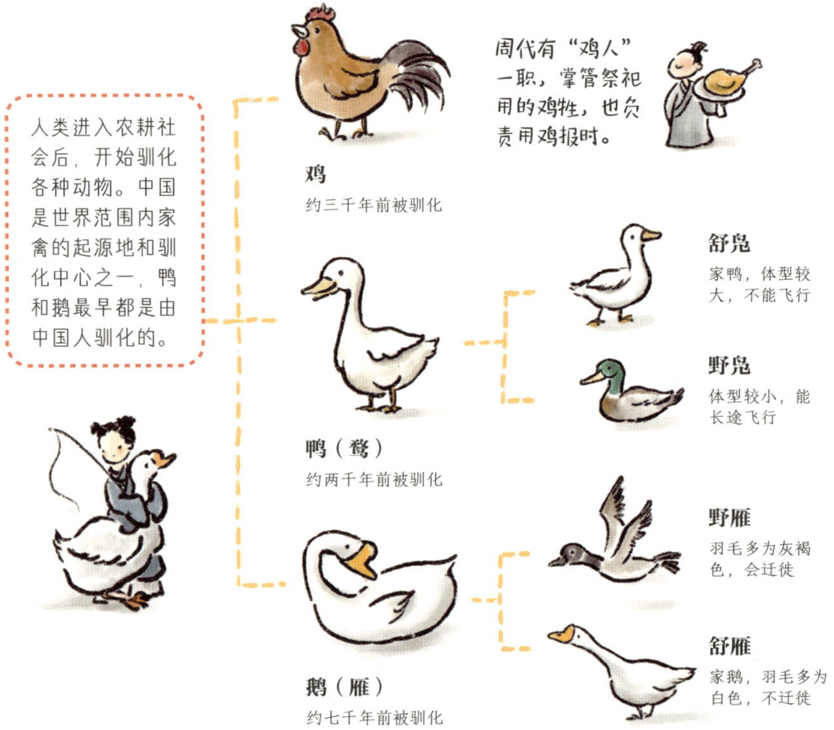

《楚辞·卜居》：宁与骐骥亢轭乎，将随驽马之迹乎？宁与黄鹄比翼乎，将与鸡鹜争食乎？

历代文物里的鸡

中国是饲养家禽最早的国家之一，其中又以鸡的驯化历史最为悠久。考古证据表明，养鸡的历史可以追溯到新石器时代。殷墟出土的甲骨文中已经有“鸡”字。鸡和先民的生活关系密切，鸡的形象也频繁出现在历代文物中。

*甲骨文的“鸡”

新石器时代·陶鸡
湖北天门石河镇邓家湾遗址出土

原始社会·陶鸡
四川广汉三星堆遗址出土

东汉·陶鸡
故宫博物院藏

西晋·青釉鸡头壶
南京博物院藏

唐代·泥型施彩酉鸡俑
新疆吐鲁番阿斯塔那古墓出土

金·定窑白釉嬉鸡陶塑
河北定州博物馆藏

糖

上古人们所吃的糖只是麦芽糖之类，叫作饴（yí）。饴加上糯米粉（馓），可以熬成饧（xíng）。饴是软的，饧是硬的。

饧是古糖字（饧，古音唐）。但当时的糖并不是后代的沙糖。沙糖（甘蔗糖）不是中原所旧有。白沙糖叫作石蜜，也是外国进贡的东西。

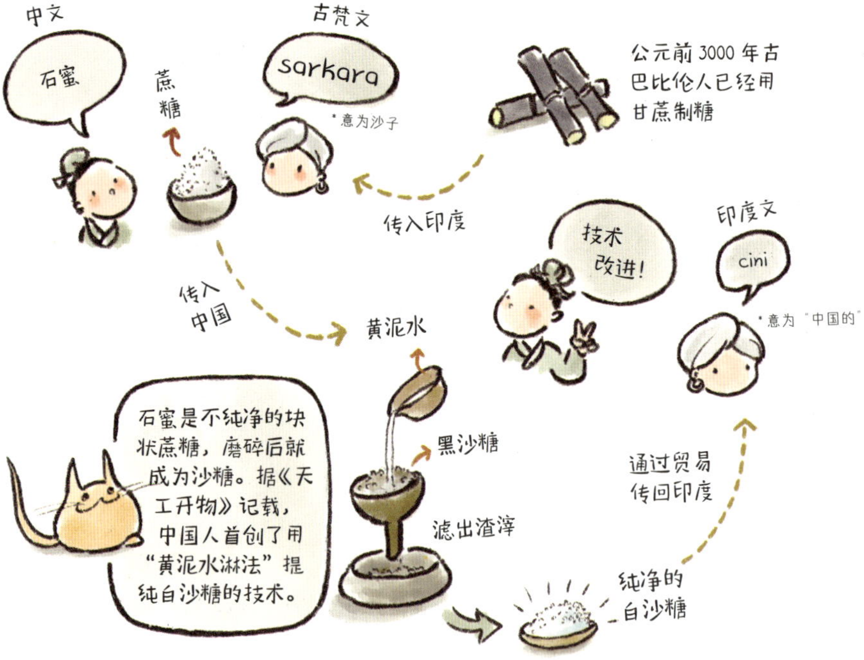

一般人所吃的饴或是麦芽糖。宋初宋祁《寒食》诗“箫声吹暖卖饧天”，卖的就是麦芽糖。

《齐民要术》“煮白饧法”：用白芽散蘖佳；……干蘖末五升，杀米一石。米必细師，数十遍净淘，炊为饭。摊去热气，及暖于盆中以蘖末和之，使均调。卧于酳瓮中，勿以手按，拨平而已。以被覆盆瓮，令暖，冬则穰茹。……便拔酳取汁煮之。……量熟，止火。良久，向冷，然后出之。

酒

古人很早就知道酿酒。殷人好酒是有名的，出土的觚爵等酒器之多，可以说明当时饮酒之盛。

* 卜辞出自《柏根氏旧藏甲骨文字》，柏 24

不过古代一般所谓酒都是以黍为糜（煮烂的黍），加上曲蘖（niè，酒母）酿成的，不是烧酒。烧酒是后起的。

《尚书·说命下》记载了商王武丁“若作酒醴，尔惟曲蘖”的说法，意思是若要酿酒，就必须使用曲蘖。制造曲蘖的技术是我国率先发明的，有人将其称为中国古代的第五大发明。

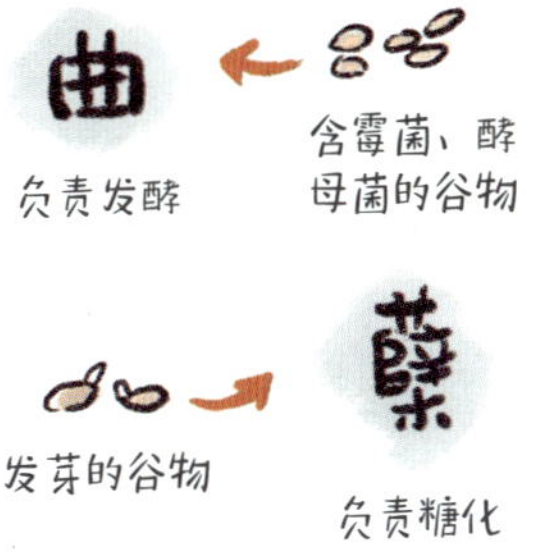

茶

茶是我国主要的特产之一。《尔雅·释木》:“槚(jiǎ),苦荼(tú)。”荼茶本是同一个字。但是上古没有关于饮茶的记载。

王褒《僮约》里说到“烹茶”“买茶”,可见茶在汉代某些地区不但是一种饮料,而且是一种商品。《三国志·吴志·韦曜(yào)传》载,孙皓密赐韦曜茶荈(chuǎn)以当酒。

《三国志·吴志·韦曜传》:皓每飨宴,无不竟日,坐席无能否率已七升为限,虽不悉入口,皆浇灌取尽。曜素饮酒不过二升,初见礼异时,常为裁减,或密赐荈以当酒。

《续博物志》说南人好饮茶，大概饮茶的风气是从江南传开的。南北朝时饮茶风气渐盛。唐宋以后，茶更成为一般文人的饮料了。

【汉代】

四川和云南地区已经开始产茶制茶，茶叶成为商品，并出现了便于运输的茶饼。

王褒《僮约》：烹茶尽具……武阳买茶。

【三国时期】

茶饮传入江南地区，以茶代酒的故事说明当时江南已经有饮茶的风俗。

《桐君录》：西阳、武昌、庐江、晋陵好茗，皆东人作清茗。

【南北朝】

饮茶风气渐盛，茶叶种植区域向东扩展到长江流域。

左思《娇女诗》：止为荼荈据，吹嘘对鼎立。

【盛唐】

饮茶的习俗传入北方，当时的京师长安也开了很多茶铺，茶叶的种植和消费变得更加普遍。

白居易《山泉煎茶有怀》：坐酌泠泠水，看煎瑟瑟尘。

【晚唐】

陆羽著成中国第一部论茶的著作《茶经》，显著提升茶的地位，茶道在士大夫阶层当中流行起来。

陆羽《茶经》：蠲忧忿，饮之以酒；荡昏寐，饮之以茶。

【宋代】

茶文化进入繁荣时期，饮茶的习俗普遍化，同时也由贸易通道传播至周边其他国家。

杜耒《寒夜》：寒夜客来茶当酒，竹炉汤沸火初红。

茶在17世纪传入欧洲，英文中tea（茶）这个词就源于闽南语“茶”的发音/tê/。

乳类

古代汉族不吃乳类的饮料和食品。《史记·匈奴列传》:“得汉食物皆去之，以示不如湩（dòng）酪之便美也。”湩是牛马乳；酪有干湿两种，干酪就是今天所谓干酪，湿酪大概就是酸奶。依《史记》看来，饮食乳酪都不是汉族的习惯。

《齐民要术》“作酪法”：于铛釜中缓火煎之……四五沸便止。泻著盆中，勿便扬之。待小冷，掠取乳皮，著别器中，以为酥。屈木为棬，以张生绢袋子，滤熟乳，著瓦瓶子中卧之。……滤乳讫，以先成甜酪为酵……泻著熟乳中，仍以杓搅使均调。以氈、絮之属，茹瓶令暖。良久，以单布盖之。明旦酪成。

酥油古称为酥，本来也是胡人的食品，所以唐玄宗嘲安禄山说：“堪笑胡儿但识酥。”

酥虽然是胡人的食品，但在唐代已经传入中原地区。唐代贵族喝茶时会模仿胡人的习惯，把酥加进茶里，做成风味独特的奶茶。据说唐德宗就很喜欢这种饮料。

酥还可以用来做点心。北宋《东京梦华录》里的“滴酥”“酥蜜食”，都是以酥为原料做成的甜点。苏轼也曾在诗中提到一种以酥和糖为馅的小圆饼。

小饼如嚼月，中有酥与饴。悬知合浦人，长诵东坡诗。——宋·苏轼《留别廉守》节选

醍醐（tí hú）是上等的乳酪，依《涅槃经》说，牛乳成酪，酪成生酥，生酥成熟酥，熟酥成醍醐，醍醐是最上品。凡此都可证明，饮食乳类的习惯是从少数民族传来的。韩愈《初春小雨》诗“天街小雨润如酥”，可见唐时汉人已逐渐习惯于酥酪了。

涅槃经·圣行品

譬如从牛出乳，
从乳出酪，
从酪出生稣，
从生稣出熟稣，
从熟稣出醍醐。
醍醐最上。

《涅槃经》是大乘佛教的根本经典之一。这段话是以醍醐象征最上等的佛法和智慧，用牛奶层层提炼出醍醐精华的过程，比喻佛法由浅入深的层次。

典故·醍醐灌顶

“醍醐灌顶”最初是佛家的说法，本义是将醍醐浇在脑袋上，比喻灌输智慧，使人领悟佛理。后来常用这一说法形容听了高明的指点，受到很大启发，彻底醒悟。

酥山——古代的“冰淇淋”

酥在古代有各种各样的吃法，其中一种叫作“酥山”，流行于唐代，是将酥做成山峦形状再冷冻而成的奶油甜点，冰凉松软，入口即化，很像是今天的冰淇淋。

中唐长安韦氏墓壁画《野宴图》

似腻还成爽，才凝又欲飘。
玉来盘底碎，雪到口边销。
——宋 · 杨万里《咏酥》

一箪食，
一豆羹，
得之则生，
弗得则死。

宫室篇

宫

《尔雅·释宫》:“宫谓之室，室谓之宫。”宫和室是同义词。区别开来说，宫是总名，指整所房子，外面有围墙包着，室只是其中的一个居住单位。

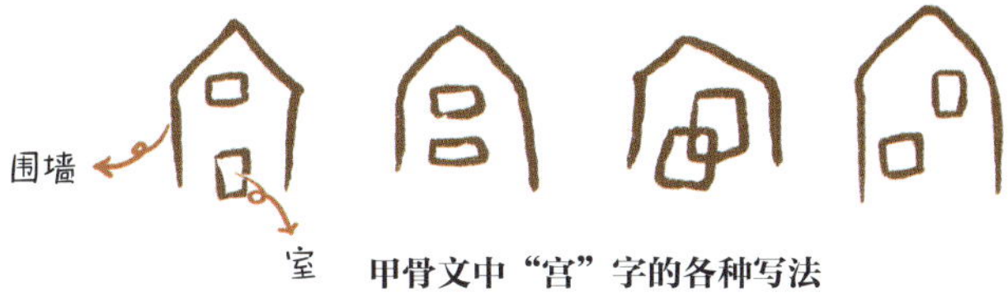

甲骨文中“宫”字的各种写法

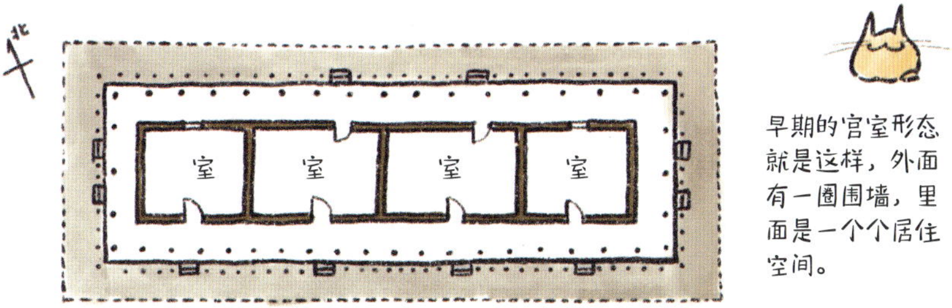

商代宫殿建筑遗址平面复原图

上古时代，宫指一般的房屋住宅，无贵贱之分。所以《孟子·滕文公上》说:“且许子何不为陶冶，舍皆取诸其宫中而用之?”秦汉以后，只有王者所居才称为宫。

秦汉以前……

秦汉以后……

宫室制度

古代宫室一般向南。主要建筑物的内部空间分为堂、室、房。前部分是堂，通常是行吉凶大礼的地方，不住人。堂的后面是室，住人。室的东西两侧是东房和西房。整幢房子是建筑在一个高出地面的台基上的，所以堂前有阶。要进入堂屋必须升阶，所以古人常说“升堂”。《论语·先进》：“由也升堂矣，未入于室也。”

这里说的古代宫室，是《仪礼》中记载的周代贵族住所。《仪礼》中对宫室形制的描述并不十分明确，历代学者的理解始终存在各种分歧，譬如有人认为大夫和士的住所只有室和东房，没有西房。虽然细节有争议，但大体格局就是如此。

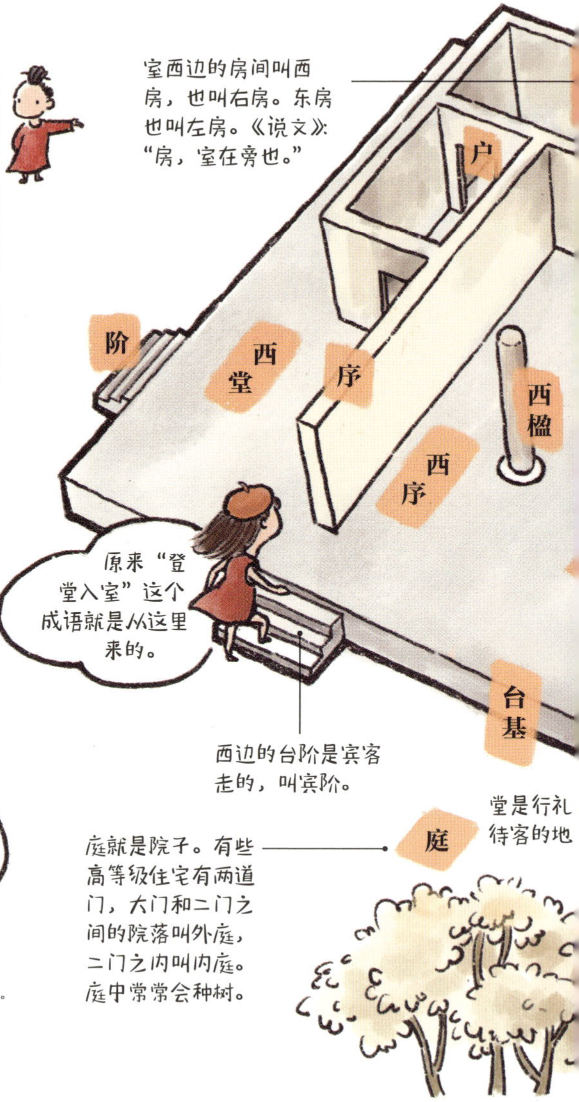

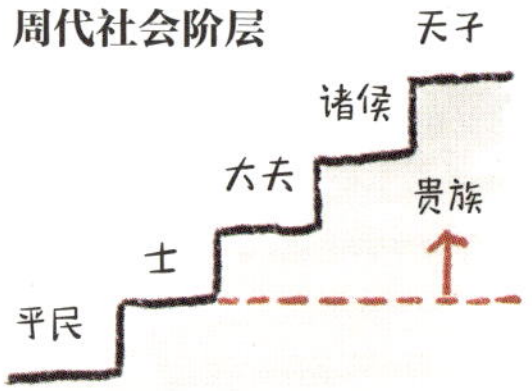

《论语·先进》：由也升堂矣，未入于室也。

上古堂前没有门，堂上东西有两根楹（yíng）柱。堂东西两壁的墙叫序，堂内靠近序的地方也就称为东序、西序。堂后有墙和室房隔开，室和房各有户和堂相通。古书上所说的户通常指室的户。东房后部有阶通往后庭。

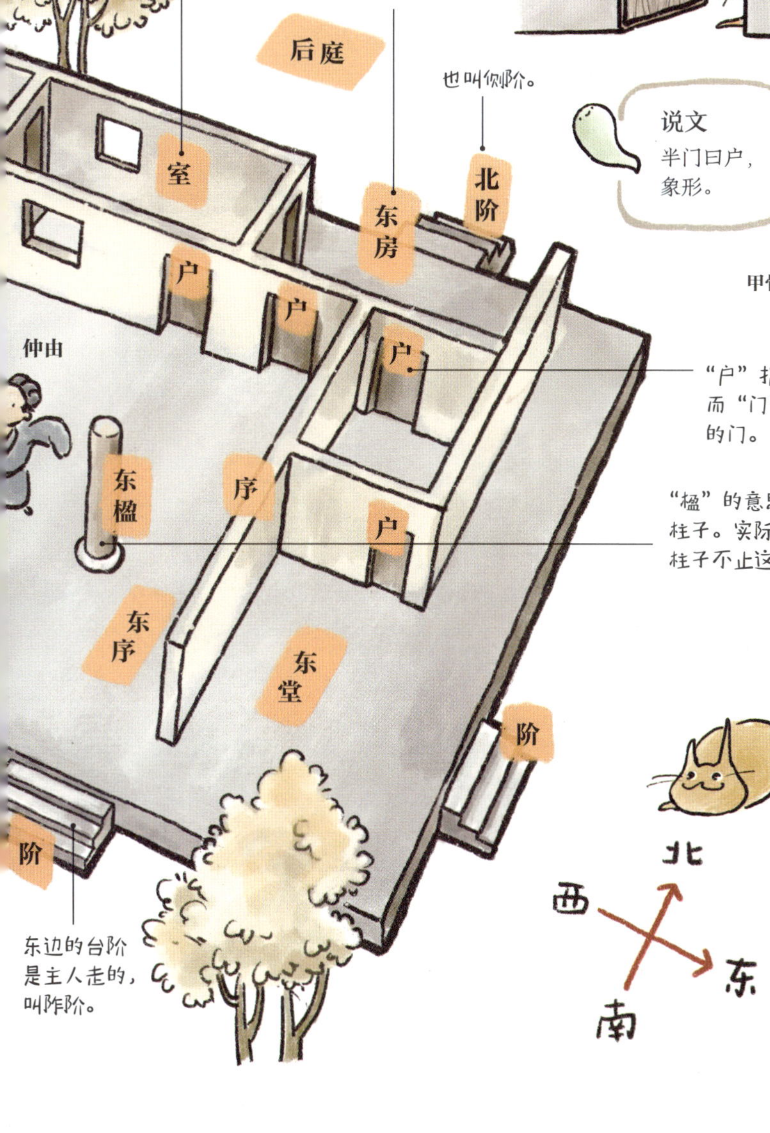

甲骨文的“户”字

室户偏东。户西相应的位置有一个窗口叫牖（yǒu）。《论语·雍也》说：“伯牛有疾，子问之，自牖执其手。”室还有一个朝北的窗口叫向，《说文》说：“向，北出牖也。”《诗经·豳风·七月》说：“塞向墐（jìn）户。”

堂上座位的尊贵

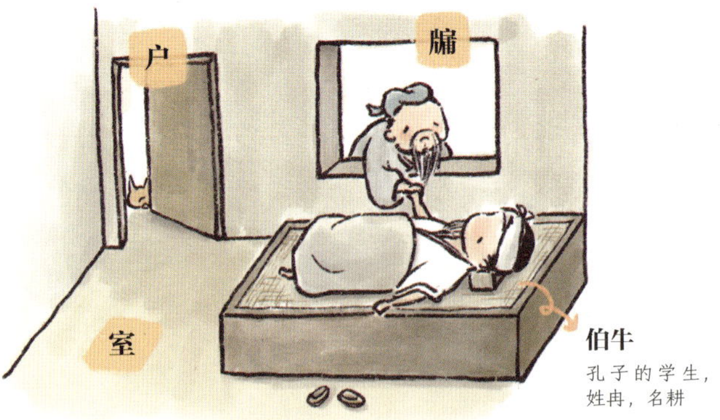

《论语·雍也》：伯牛有疾，子问之，自牖执其手。

传统民居的土炕一般筑在窗下，这种居室格局可能有相当久远的历史。因此，孔子看望卧病的伯牛时，可以从窗口握住他的手。

古人席地而坐。堂上的座位（席次）以室的户牖之间朝南的方向为尊，所以古书上常说“南面”。室内的座位则以朝东的方向为尊。《史记·项羽本记》说：“项王、项伯东向坐。”又《史记·魏其武安侯列传》说，田蚡（fén）“尝召客饮，坐其兄盖侯南乡，自坐东乡，以为汉相尊，不可以兄故私桡（náo，屈，使相位的尊严受屈）”，可见汉代还是这种习俗。

古人的席次有堂和室两套系统。左图所示是堂上的位次。室内的座位则以坐西朝东为尊。如果两人都朝东坐，则其中座位靠南者更尊。

室内座位的尊贵程度：

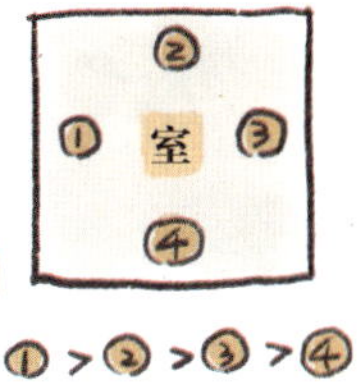

诗经·豳风·七月

穹室熏鼠，塞向墐户。
嗟我妇子，曰为改岁，
入此室处。

这几句诗的意思是：把屋里打扫干净（穹室），用烟将老鼠熏走（熏鼠）；把北面的窗户堵上（塞向），用泥封好门缝（墐户）。可叹我的妻儿啊，就要过年了，且在这间屋里安身吧。

汉代文献上常常提到阁和厢，这是堂的东西两侧和堂毗连平行的房子，和后世阁厢的概念不尽相同。上文说，堂东西有墙叫序。序外东西各有一个小夹室，叫东夹、西夹，这就是阁（汉代阁又指小门）。东夹、西夹前面的空间叫东堂、西堂，这就是厢。阁和厢有户相通，厢前也有阶。

乐府诗《鸡鸣》篇：“鸣声何啾啾，闻我殿东厢。”东厢就是东堂，殿就是前面所说的堂屋。《说文》说：“堂，殿也。”秦汉以前叫堂不叫殿，汉代虽叫殿，但不限于帝王受朝理事的处所，后来殿才专用于宫廷和庙宇里的主要建筑。

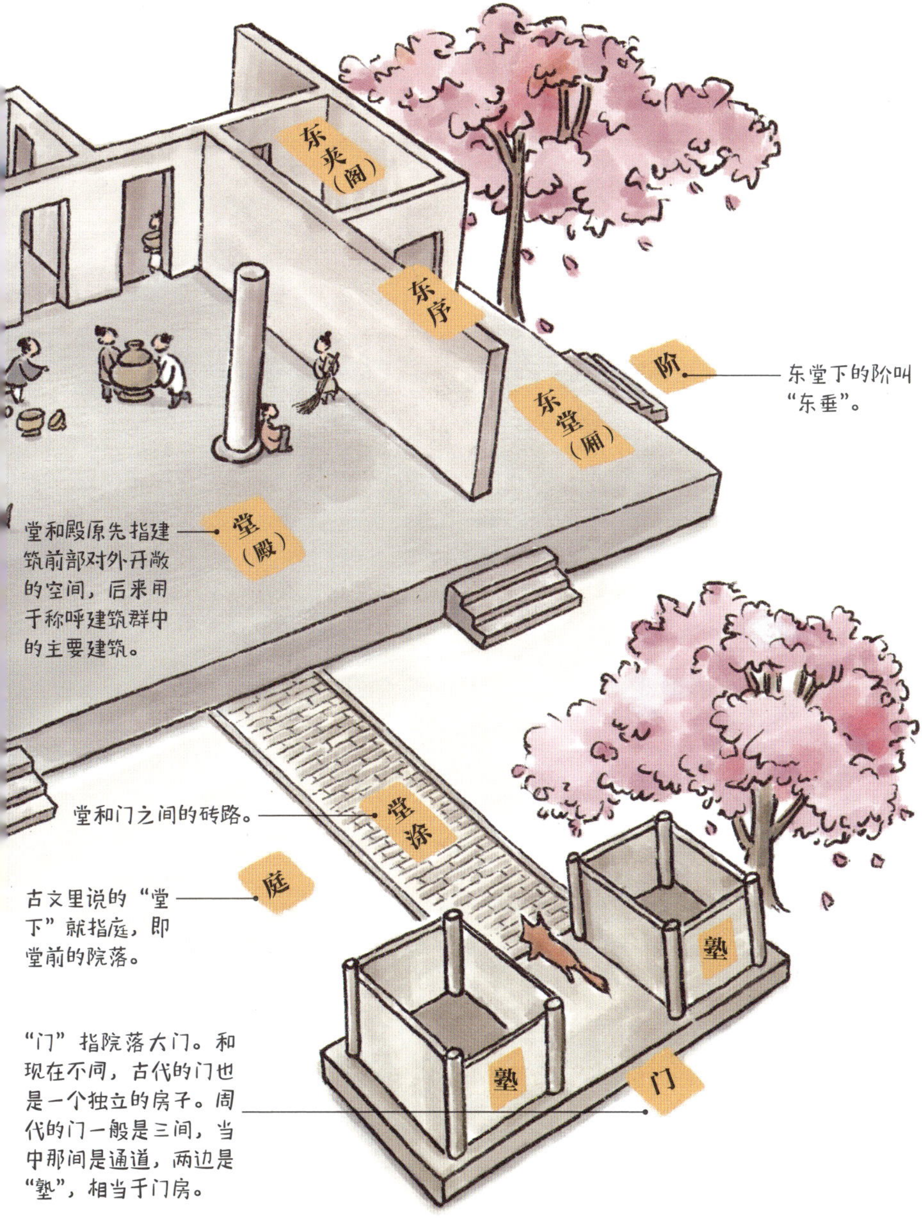

以上所说的大致可以代表上古宫室主体建筑的基本法式。当然，从帝王宫殿到小康之家，宫室的丰俭崇卑是各不相同的，历代宫室制度也有变化发展，这里不能一一叙述。

宫室制度是礼制在建筑上的体现。传统礼制确立于西周，历代学者对其各有诠释。今天我们通过历代宫殿建筑的考古遗存，能够约略了解历代宫室制度的发展变化。

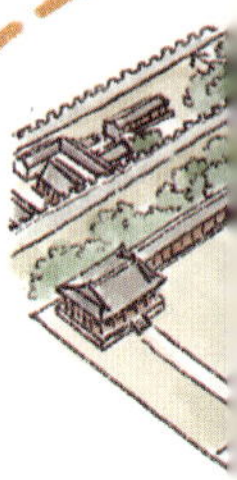

西周·陕西岐山凤雏村遗址复原图

周

出现完整的“前堂后室”格局，平面布局中轴对称，两侧有廊庑，是合院式建筑的起源。

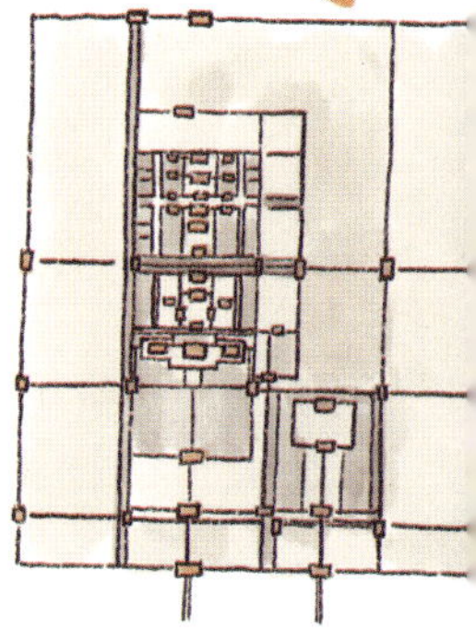

北魏·洛阳宫殿平面复原图

秦

沿用周代“三朝五门”的宫室制度，而又有所突破。宫殿建在夯土高台上，周围遍布回廊，高大宏伟。

秦·咸阳一号宫殿遗址复原图

汉

汉代继续发展高台建筑，采用多重院落布局，以宫墙环绕，规模巨大。西汉的未央、长乐、建章三宫奠定了后世宫殿建设规划的基本格局。

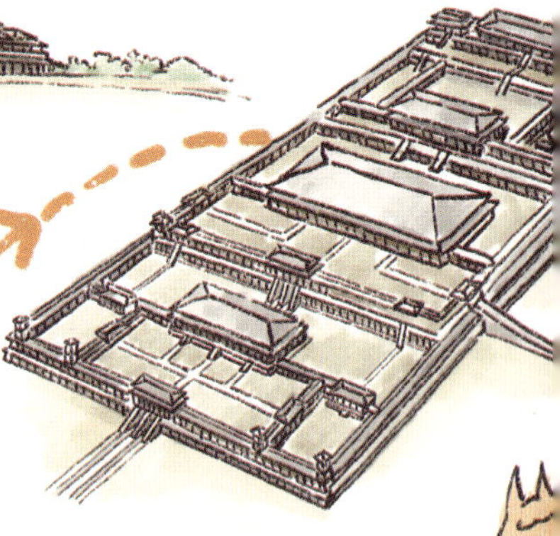

西汉·未央宫前殿遗址复原图

宋·汴梁宫城宣德门

宋

大体沿袭前朝后寝的格局，但规模比起前代明显缩小，相对礼制要求，更偏重实用性。

唐

唐代宫殿仍分前朝后寝两区，规划上突出中轴线，同时也注重与天然地势结合，灵活处理。

唐·大明宫麟德殿遗址复原图

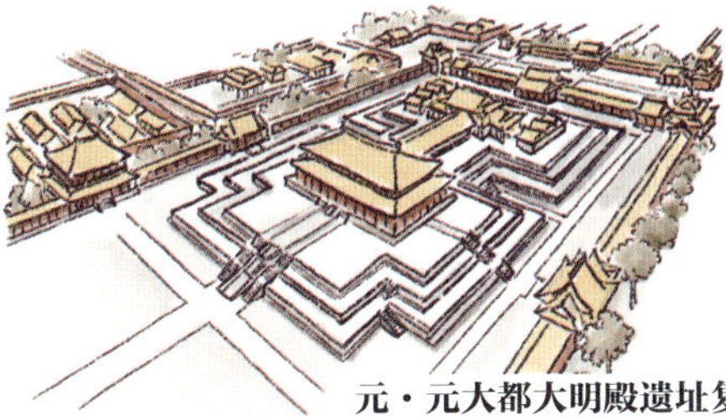

元·元大都大明殿遗址复原图

元

以元大都宫殿为代表，继承中原建筑传统的同时，也融入了蒙元建筑文化特色。

南北朝

南北朝时期的宫殿建有内外三重宫墙，内分朝、寝两区，并形成了一条南北方向的主轴线。

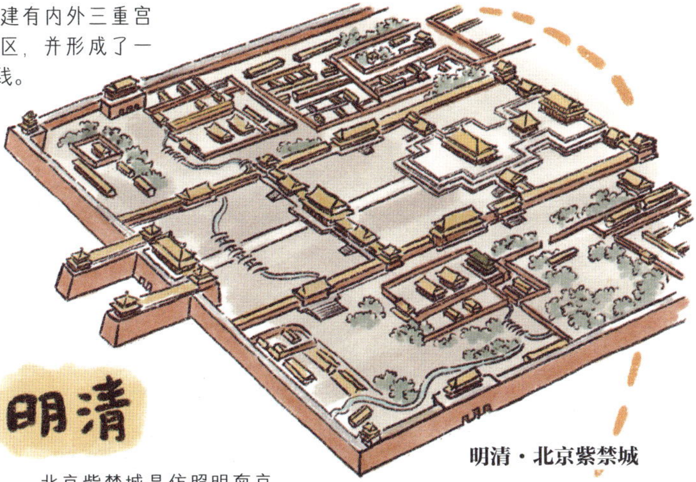

明清·北京紫禁城

明清

北京紫禁城是仿照明南京皇宫兴建的，规划严整，等级分明，对“择中而处”“三朝五门”等儒家礼制思想也有所附会。

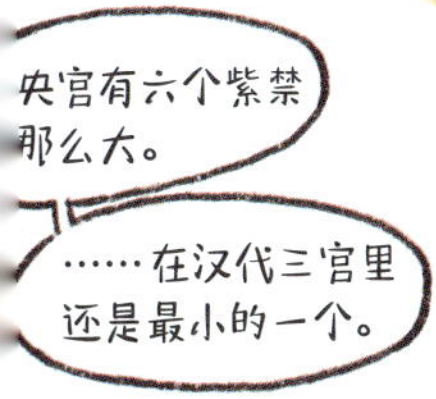

廊庑

汉代帝王宫殿和将相之家还有廊庑（wǔ）。《史记·魏其武安侯列传》说，孝景帝拜窦（dòu）婴为大将军，赐金千斤，窦婴把所赐金“陈之廊庑下”。颜师古说：“廊，堂下周屋也。”《说文》说：“庑，堂下周屋。”廊庑似乎没有多少分别。一般人家大约是没有廊庑的。

夏·河南偃师二里头二号宫殿复原图

廊庑就是我们通常说的游廊或者回廊，早在夏代的遗址中就已经出现了。不过，也有学者认为廊和庑不同，“廊”指无墙壁的通道，“庑”指有墙壁的廊屋。

窦婴

西汉名臣，汉武帝时丞相

《史记·魏其武安侯列传》：所赐金，陈之廊庑下，军吏过，辄令财取为用。

山东诸城东汉画像石中带有廊庑的住宅

古代建筑的等级制度

在古代，建筑的规模与形制往往反映出建筑所有者的地位。周代逐渐建立起一套严格的建筑等级制度，对建筑的造型、尺度、色彩、纹饰等方方面面都加以限制。随着建筑技术的发展，这套制度的具体规定也不断变化，但始终遵循同样的基本原则：等级更高的建筑意味着更大的规模、更复杂的装饰和更贵重的材料。

屋顶样式

上古时期屋顶样式还很简单，但也已经有等级之别，重檐屋顶等级较高，而单檐屋顶等级较低。后世逐渐发展出更复杂的屋顶等级序列，庑殿顶（四坡顶）逐渐被确立为等级最高的样式。

间数

“间”是木构建筑的基本单元，四根柱子构成一间，建筑的间数越多，等级越高。例如唐代《营缮令》规定，六品以下官员的住宅最多只能用三间，门屋只能用一间。

色彩

建筑特定部位的色彩也常常与等级相关，《谷梁传》“礼楹，天子丹，诸侯黝垩，大夫苍，士黈（tǒu）”提到周代礼制规定了住宅中楹柱的颜色，从天子到士大夫各有不同。

材料

建筑材料的选择并非只与造价有关，同样也受到等级制度的限制。例如琉璃瓦，只有宫殿、贵族宅邸、重要宗教和祭祀建筑才能使用，平民住宅是不允许使用的。

台榭观阙

台榭（xiè）观阙（què）都是统治者的建筑。台高而平，便于瞭望。榭是台上的木构建筑，特点是只有楹柱没有墙壁。

台榭建筑是春秋时期出现的一种建筑形式：先筑造巨大的夯土墩台，再在台顶建造主体木构建筑——榭。这种建筑盛行于战国和秦汉，魏晋之后渐渐衰落。

榭通常建在台上，而台上也通常有榭，因此“台榭”往往并称。

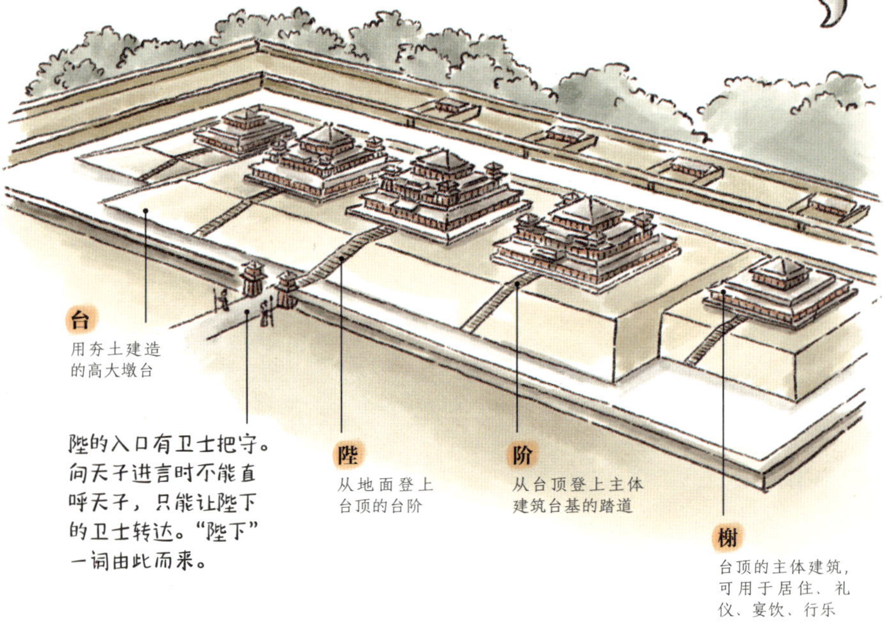

三国时期著名的铜雀台就是一座台榭建筑。落成之日，曹操父子与群臣在台上宴饮行乐，盛极一时，曹植还写下一篇著名的《登台赋》。

观是宗庙或宫廷大门外两旁的高建筑物，两观之间有一个豁口，所以叫作阙。汉宫中有白虎观，这种观却是独立的建筑物，至于道教的庙宇叫观，更是后起的意义了。

释名·释宫室

阙，在门两旁，
中央阙然为道也。
观，观也，
于上观望也。

东汉·四川大邑出土凤阙画像砖

观除了作为阙门用在宫殿宗庙前，也可以作为一种独立建筑物，用在其他地方，承担瞭望、防卫和储藏等功能。

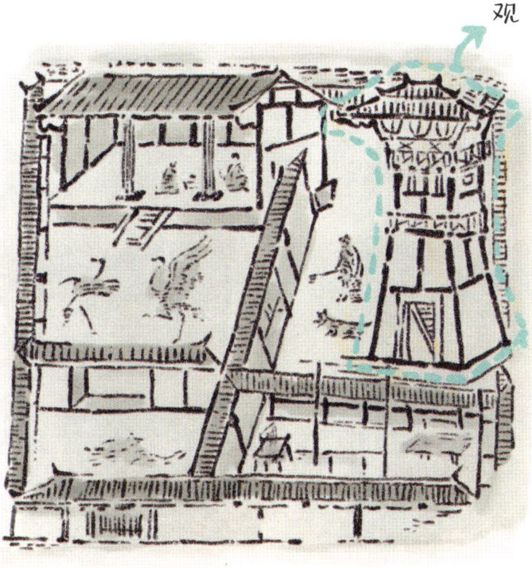

右图的另一块东汉画像砖表现了一座庭院式住宅，后院中有一座四坡顶的木构望楼，很可能就是“观”。

楼

附带说一说，先秦文献很少看见“楼”字。《孟子·告子下》“方寸之木，可使高于岑楼”，赵歧注“岑楼，山之锐岭者”，据此则不是楼房的楼。

《说文》“楼，重屋也”，又“层，重屋也”，《考工记》上也讲到“殷人重屋”，重屋指的是复屋（栋上加栋），而复屋是不可以住人的（段玉裁说）。可能战国晚期出现了楼房。

《考工记》里说的“重屋”，一般认为是重檐的意思，也就是有两层屋檐的建筑。从早期的象形文字来看，这种屋顶形式可能很早就出现了，汉代明器中也有类似的形象。

甲骨文中的复屋形象

虽然不能确定汉代是否确实有过这样的建筑，但右图这个形象的确符合文献所说“栋上加栋”的复屋。

东汉·河南焦作出土复屋陶楼

汉代显然有楼房了，而且不止两层。

多层楼房从东汉开始盛行。从汉代的明器（随葬器物）来看，大都是三层、四层，也有多达五层的。这些楼大都用作瞭望和警戒。当然，这些明器的形象未必那么写实，但汉代人已经能够建造楼房，这是无疑的。

东汉·广东东山出土汉代陶屋明器

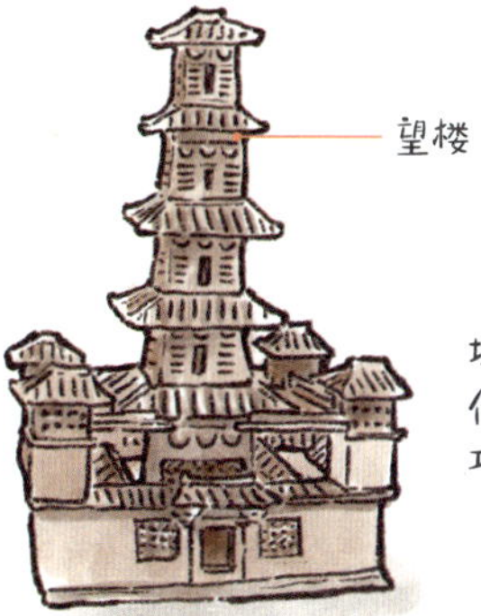

东汉·甘肃武威出土汉代坞壁明器

坞壁是中国古代一种有防御功能的小土堡。

古诗十九首·其五

西北有高楼，
上与浮云齐。
交疏结绮窗，
阿阁 * 三重阶。

* 阿阁：四面有曲檐的楼阁

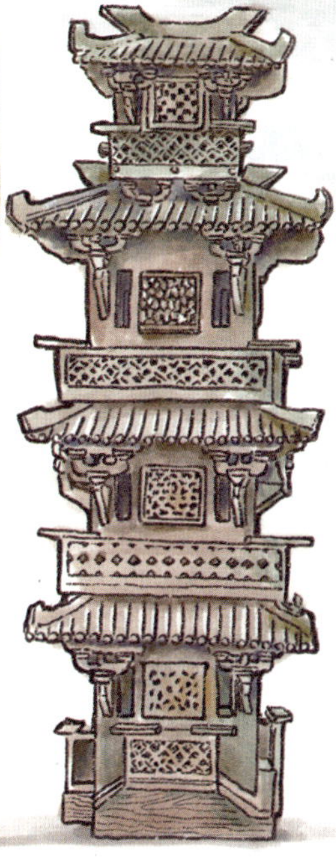

东汉·山东高唐出土绿釉陶楼明器

左图这件明器表现的是典型的木构楼阁形象，构造合理，说明重楼在汉代已经发展得相当成熟。

佛教传入中国后，这种木构楼阁和印度佛塔 stūpa 结合起来，就产生了中国独有的建筑样式——楼阁式塔。

穷人的房子正好是一个鲜明的对比。他们的住房是筚（bì）门圭窦，瓮（wèng）牖绳枢。宫室制度在阶级社会里是有阶级性的。

典故·筚门圭窦

出自《左传·襄公十年》，意思是用荆条、竹枝编成柴门，在墙上开一个圭形的小洞当作门洞。形容家庭贫困，住处极其简陋。

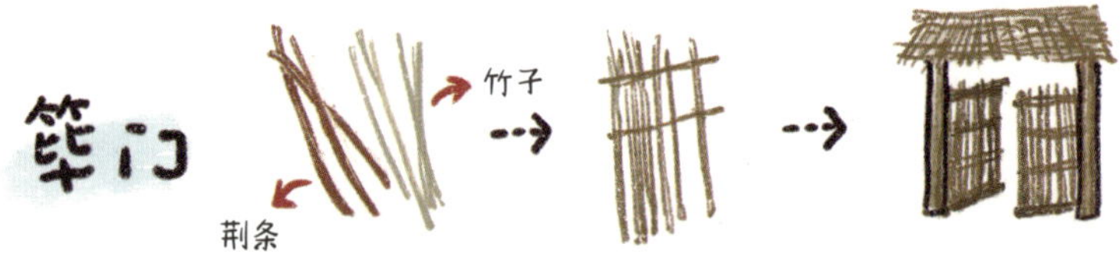

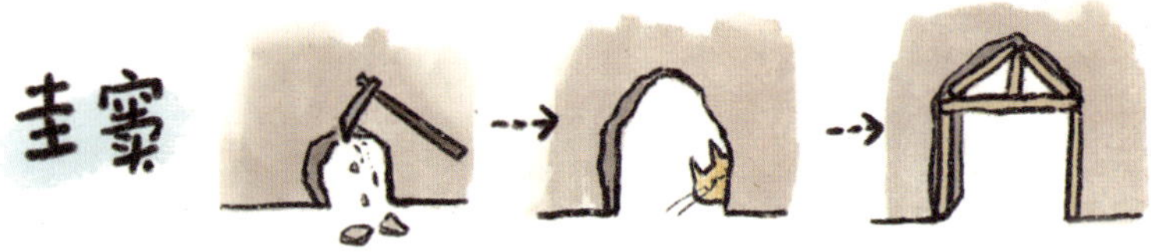

典故·瓮牖绳枢

出自西汉贾谊《过秦论》，意思是用破坛子的口嵌在墙上做成窗（牖），用绳子做成门轴（枢）。和筚门圭窦意义相近，也是形容贫寒人家。

接下来谈谈古人怎么盖房子。

窦

我国建筑有悠久的历史。古代劳动人民和匠师们在不断地改进建筑材料和建筑技术。根据田野考古报告，我们知道殷代一般住房是在地面上挖一个地穴，穴周加培低墙，然后立柱盖顶，出入口有斜坡或土阶。这种形式的住房，考古工作者认为就是窦（fù）。《诗经·大雅·绵》说：“古公亶（dǎn）父，陶复陶穴，未有家室。”复就是“窦”字的假借。

半穴居是新石器时代北方地区普遍的居住形式，半坡遗址中很常见，在殷墟也有发现，说明商周时期仍有平民居住在这种房屋里，因此，这种居室有可能就是《诗经》里的“复”。

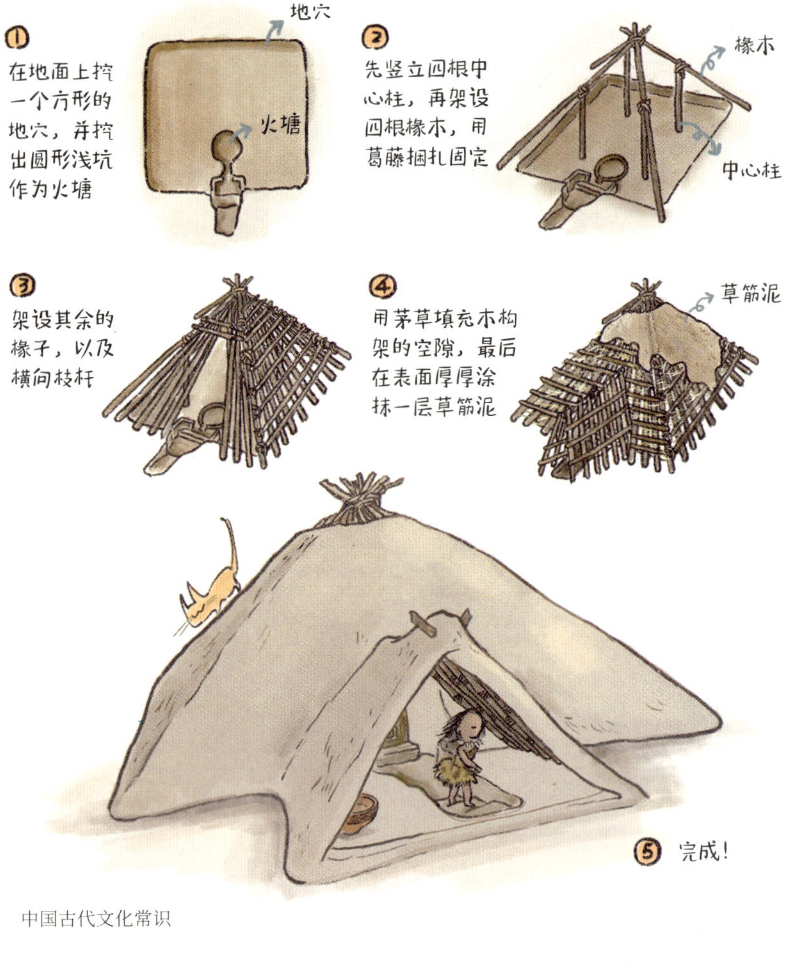

基础

帝王的宫室是建筑在地面上的，现在还能看到当时的基础。基是夯（hāng）土而成的台基或地基，础是柱子底部的垫石。后世建筑一直很讲究基础。

上古时期，中原地区普遍使用夯土筑造屋基。做法是：先清理地面，下挖至生土层（未经人类扰动的土壤层），然后用含有一定水分的黄土夯筑台基。台基筑好后，在要立柱子的位置挖出深坑，坑里铺上石头，或者用土块夯实，再把柱子立在上面。

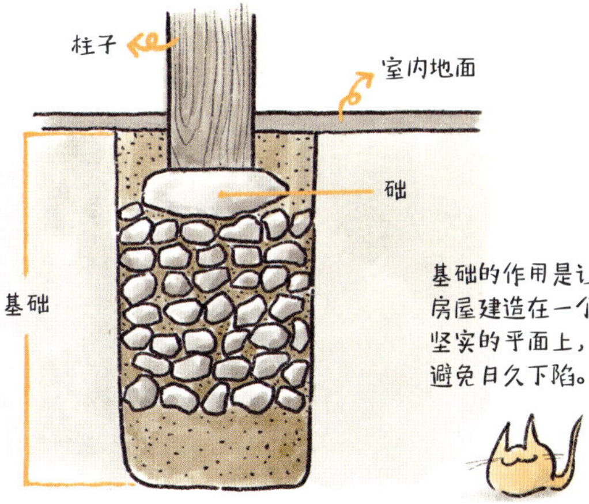

西周·扶风召陈宫殿遗址中的建筑基础

后来柱础发展出了各种各样的形式……

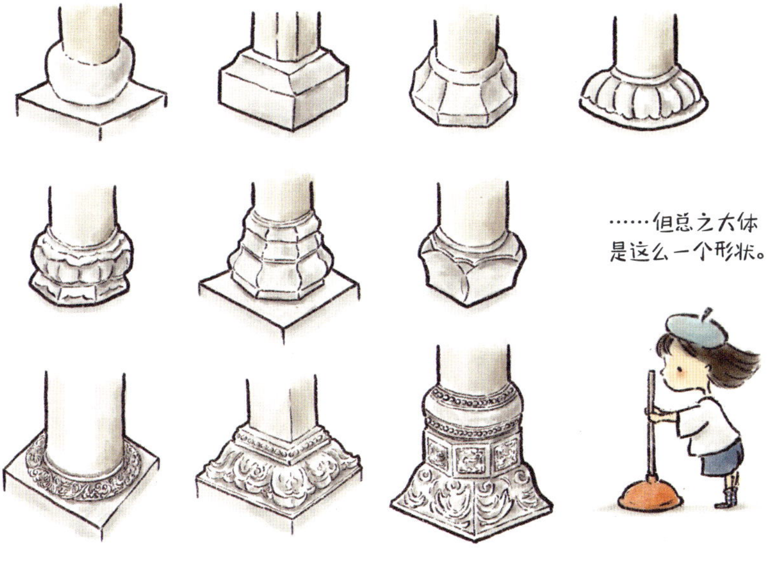

瓦

殷代遗址至今还没有发现瓦，屋顶大概是茅草盖的。据推测至迟周初已发明瓦，但是大多数的房子仍然是茅草屋，所以古人说“茅茨土阶”“茅茨不剪”。《诗经·豳风·七月》说：“昼尔于茅，宵尔索绹（táo）。亟其乘屋，其始播百谷。”可见瓦屋是挨不着农民住的。

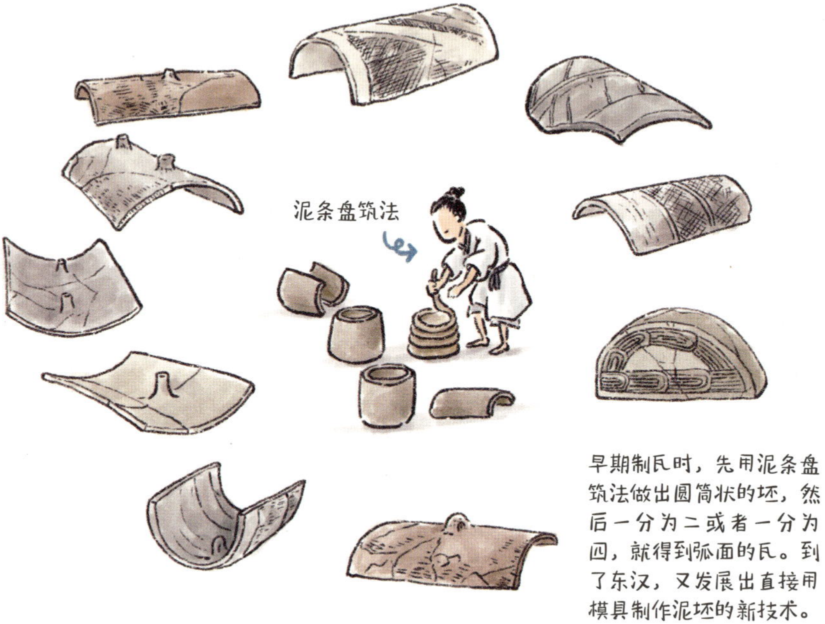

西周·陕西周原出土瓦件

《清明上河图》中的民居建筑

中国古代的瓦当

瓦当，是屋檐最前端的瓦件，覆盖在檐口，既能遮蔽雨水保护椽头，也有装饰作用。瓦当大约在西周时出现，当面上通常饰有各种纹样，到汉代已经发展为一门成熟的装饰艺术。

历代瓦当纹样各异，具有鲜明的时代特征，兼具审美和学术价值。因此唐宋以来的文人一直有收藏瓦当的风气，也喜欢将瓦当琢成砚台使用。

战国·半瓦当*

*当面呈半圆形的瓦当

秦·云纹瓦当

西汉·四神瓦当

汉·长乐未央瓦当

南越国·兽面纹瓦当

南朝·莲花纹瓦当

砖

砖的发明比瓦要晚些。战国遗址发现过空心砖，那是用于墓中的。

战国·邯郸赵王城西城三号夯土台出土空心砖

但是《诗经·陈风·防有鹊巢》已经说“中唐有甓（pì）”，唐指堂涂，是堂下通过中庭通往前门去的一条路。甓，旧说是瓴（líng）甋（dì）（一作令适），也就是砖。（晋代陶侃有运甓的故事，也是指运砖。）

《晋书·陶侃传》：侃在州无事，辄朝运百甓于斋外，暮运于斋内。人问其故，答曰：“吾方致力中原，过尔优逸，恐不堪事。”其励志勤力，皆此类也。

墙体

古人筑墙很早就运用版筑技术。《孟子·告子下》:“傅说举于版筑之间”，所谓版筑是说筑土墙用两块木板相夹，两版中间的宽度等于墙的厚度，版外用木柱衬住，装满泥土，用杵捣紧，筑毕拆除木柱木板，就成了一座墙了。版筑技术在古代建筑中占有很重要的地位，直到现在有的地方还用这种筑墙技术。

版筑有两种方式，基本原理都是在模板间夯土，但第一种是水平方向连续夯筑，第二种是竖直方向层层叠加。

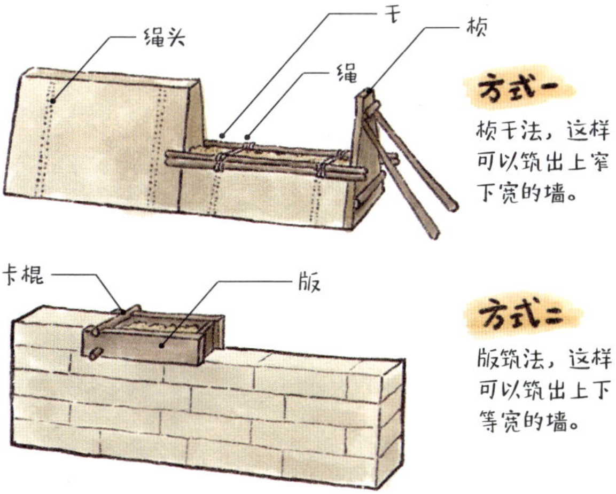

考古证据表明，版筑技术早在夏代已经出现了。在砖普遍应用之前，即使是帝王的宫殿也是用版筑技术修建的。

后来又用土坯砌墙，土坯叫作墼（jí）。（墼和砖在很多方面相近，所以东汉时也有称砖为墼的，不少汉砖上面有“墼”字。）

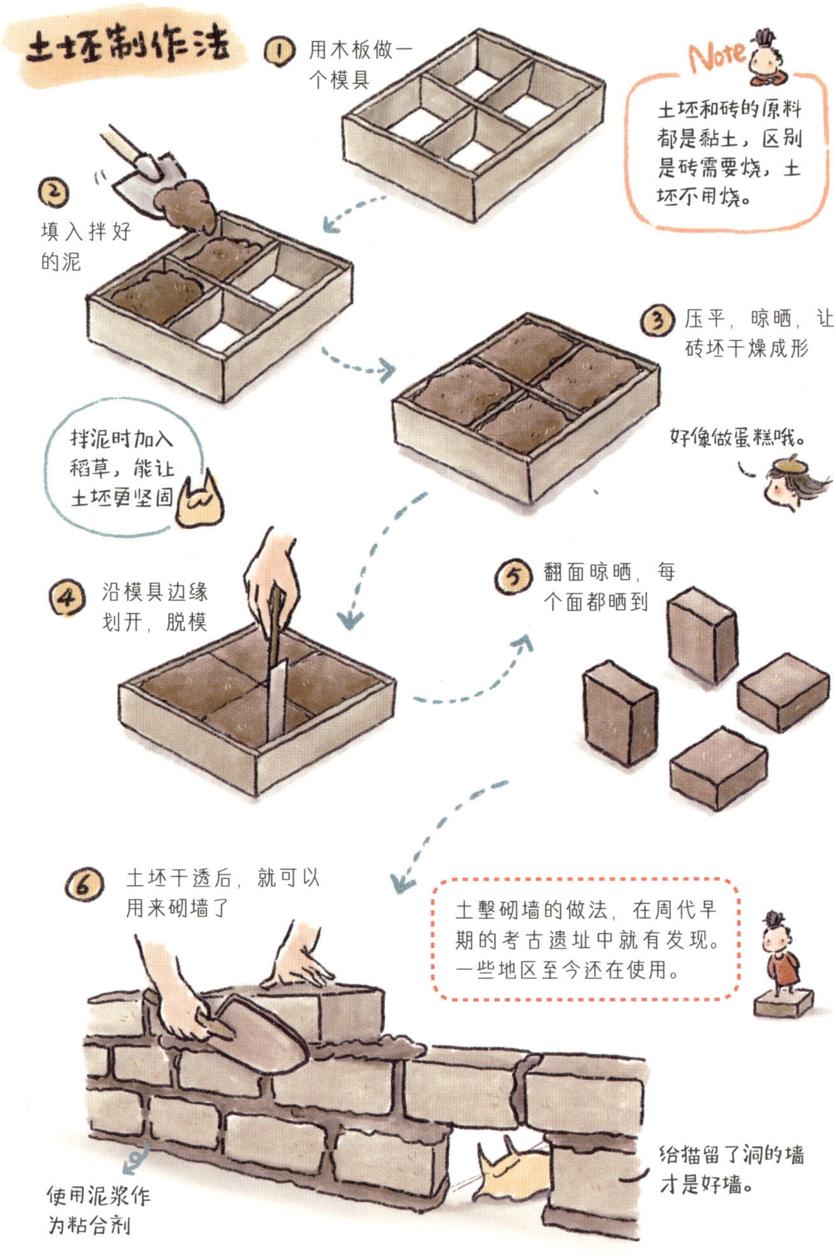

用砖砌墙是比较后起的事。

用烧制的砖砌墙，这种技术在汉代已经成熟了，但很长一段时间之内，砖的主要用途只限于建造墓室和砖塔。直到明代，制砖技术有了很大发展，砖墙才在一般建筑中得到普遍应用。

中国古代建筑主要靠木结构受力，对墙体的力学性能要求不高，这是砖墙普及较晚的原因。

下面是明清时期砖墙的一些常见砌法。

十字缝

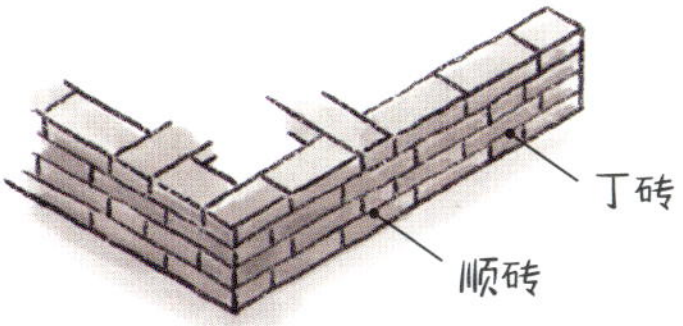

二顺一丁

一顺一丁

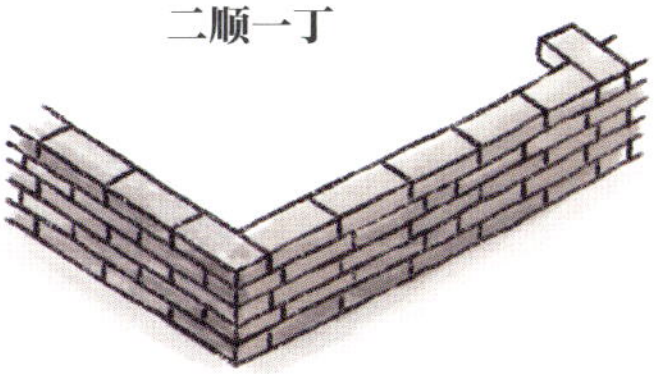

五顺一丁

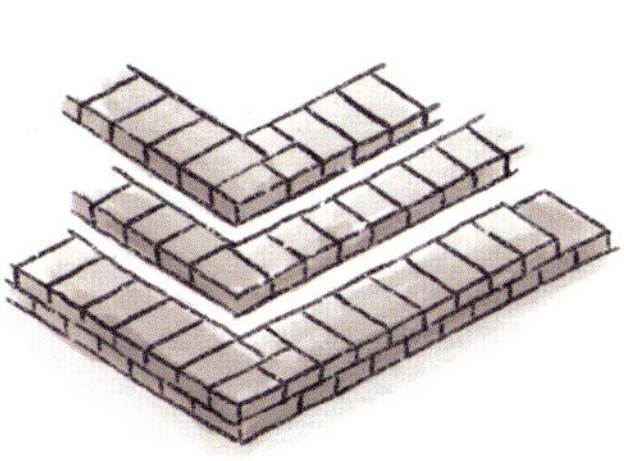

落落丁（全用丁砖）

多层一丁

斗栱

斗拱是我国古代高级木结构建筑里的重要构件，同时有装饰的作用。《论语·公冶长》说臧（zāng）文仲“山节藻棁（zhuō）”，旧说“棁”是梁上短柱，“节”就是斗拱。

斗拱，实际上应当写作“斗栱”，由斗和栱两种构件组成，方块状的是斗，弓形的是栱。斗栱的具体形态相当多样，历代不断演变，但基本结构始终只是斗和栱两种构件的层层叠合。

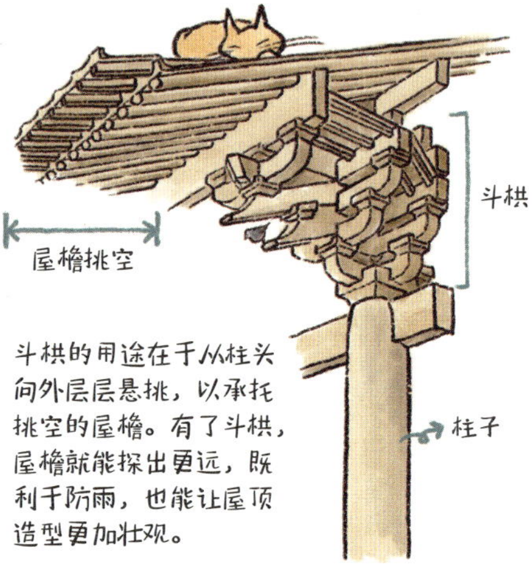

斗栱的用途在于从柱头向外层层悬挑，以承托挑空的屋檐。有了斗栱，屋檐就能探出更远，既利于防雨，也能让屋顶造型更加壮观。

论语·公冶长

子曰：臧文仲居蔡，
山节藻棁，
何如其知也？

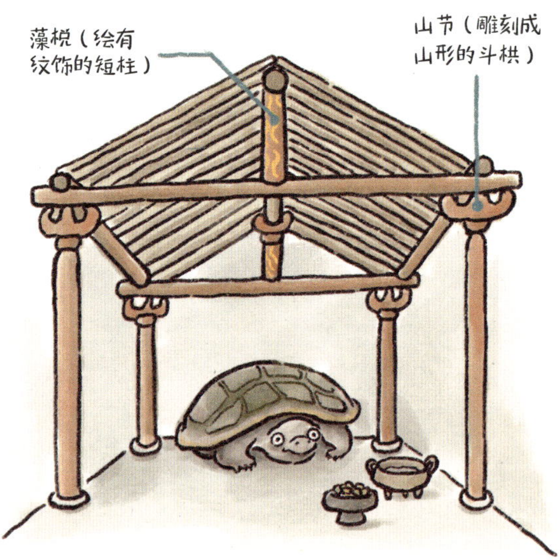

在古代，“山节藻棁”是国君才能使用的高等级庙饰。臧文仲给大乌龟盖这样豪华的房子，行为僭越，在孔子看来，是很不明智的。

我们从战国铜器图案上可以见到类似斗拱的结构构件。

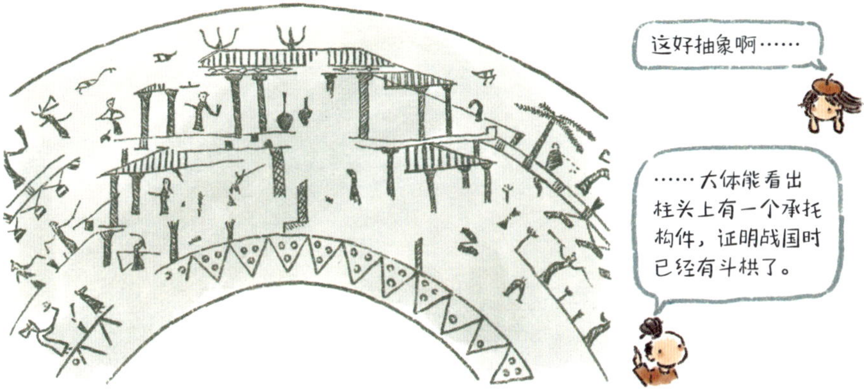

战国·河南辉县出土燕乐射猎刻纹铜鉴中的建筑形象

战国·河北平山中山国出土龙凤铜方案

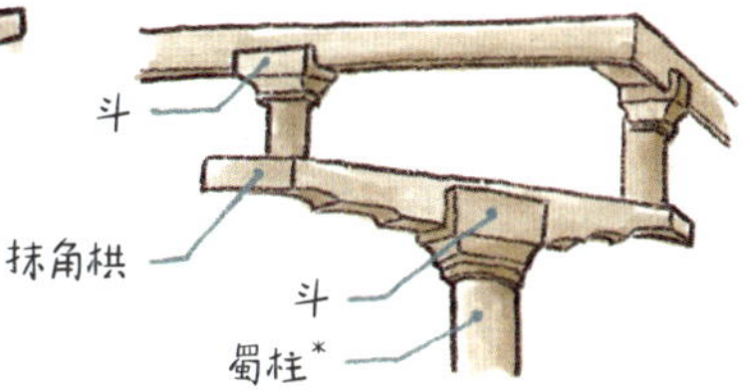

*不落地的短柱

这是从左图中提取出的斗栱形象。虽然这是件家具，但斗栱在其中起到的结构作用和建筑上是一样的。

汉代明器中可以清晰看到斗栱挑檐的做法。右图中的转角斗栱，与上图的战国时期斗栱形象异曲同工，都是用45°斜出构件来实现向外悬挑的功能。

汉·北京顺义出土陶楼明器（局部）

关于古代宫室……

……我们就说到这里。

上古穴居而野处，
后世圣人易之以宫室，
上栋下宇，
以待风雨。

車馬篇

车马

古书上常见车马并举。例如《诗经·唐风·山有枢》说：“子有车马，弗驰弗驱。”《论语·公冶长》说：“愿车马衣轻裘，与朋友共，敝之而无憾。”

诗经·唐风·山有枢

山有枢，隰有榆。
子有衣裳，弗曳弗娄。
子有车马，弗驰弗驱。
宛其死矣，他人是愉。

* 一作“车马衣轻裘”，但多数学者认为“轻”字是衍文

《论语·公冶长》：颜渊、季路侍。子曰：“盍各言尔志？”子路曰：“愿车马衣裘，与朋友共，敝之而无憾。”

战国以前，车马是相连的。一般地说，没有无马的车（当然，马车之外还有牛车等），也没有无车的马。因此，古人所谓御车也就是御马，所谓乘马也就是乘车。

太仆

周代官职，管理王室车马事务

上古时代最主要的马车类型是独辀（zhōu）车，车前伸出一根驾牲畜用的弯木，左右各驾一匹或两匹马。

早期的车马坑里，除了木车的残迹，往往还有马的骸骨，陪葬在它们生前拉车的位置上。

河南安阳殷墟孝民屯南地 M7 号车马坑

《论语·雍也》：“赤之适齐也，乘肥马，衣轻裘。”这是说乘肥马驾的车。

公西华出使齐国，穿皮衣，坐肥马拉的车，很富有。孔子不肯给他家里发太多救济，理由是君子只雪中送炭，不锦上添花。

公西华

名赤，字子华。孔子的学生，很有外交才能

《论语·雍也》：子华使于齐，冉子为其母请粟。子曰：“与之釜。”请益。曰：“与之庾。”冉子与之粟五秉。子曰：“赤之适齐也，乘肥马，衣轻裘。吾闻之也：君子周急不继富。”

古代驾二马为骈，驾三马为骖，驾四马为驷。《论语·季氏》：“齐景公有马千驷。”这不在于说他有四千匹马，而在于说他有一千乘车。

pián
骈
两马共驾一车

cān
骖
三马共驾一车

sì
驷
四马共驾一车

《论语·季氏》：齐景公有马千驷，死之日，民无德而称焉。伯夷、叔齐饿于首阳之下，民到于今称之。其斯之谓与？

牛车

古人说“服牛乘马”，可见马车之外还有牛车。马车古名小车，是供贵族出行和作战用的；牛车古名大车，一般只用来载运货物。

从先秦到汉代，牛车主要都是用来载货的，不载人，只有贫贱之人才坐牛车。但是，从东汉末年开始，牛车的地位逐渐提升，从天子到士庶，平时出行都很喜欢坐牛车。

小车，用于贵族出行和作战

大车，早期只载货，后来也用于载人

《晋书·舆服志》：古之贵者不乘牛车……其后稍见贵之。自灵献以来，天子至士遂以为常乘。

《三国志·魏志》：（阮籍）时率意独驾，不由径路，车迹所穷，辄恸哭而反。

除了畜力车，其实还有人力车。

Note

上古的人力车叫“辇”，这个字的字形就是两个人拉一辆车。

车马部件

下面谈一谈古代马车各个部位的名称。

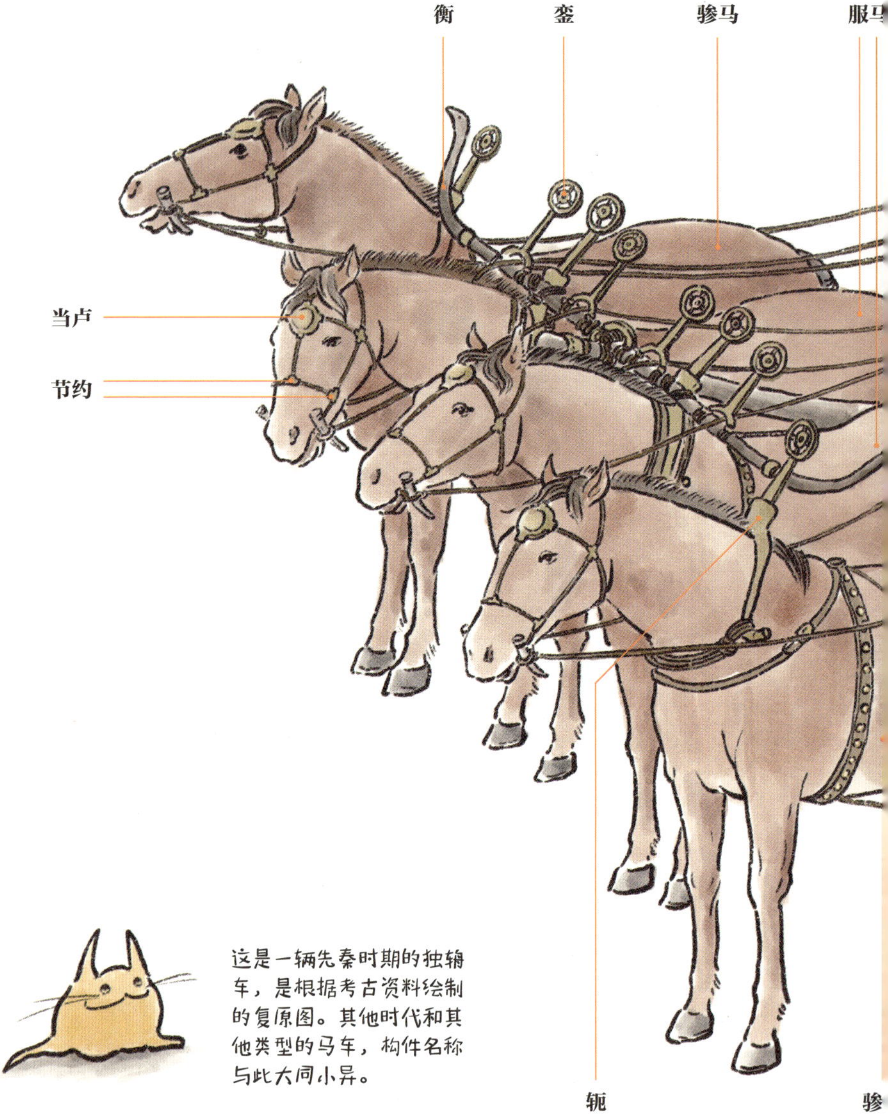

这是一辆先秦时期的独辀车，是根据考古资料绘制的复原图。其他时代和其他类型的马车，构件名称与此大同小异。

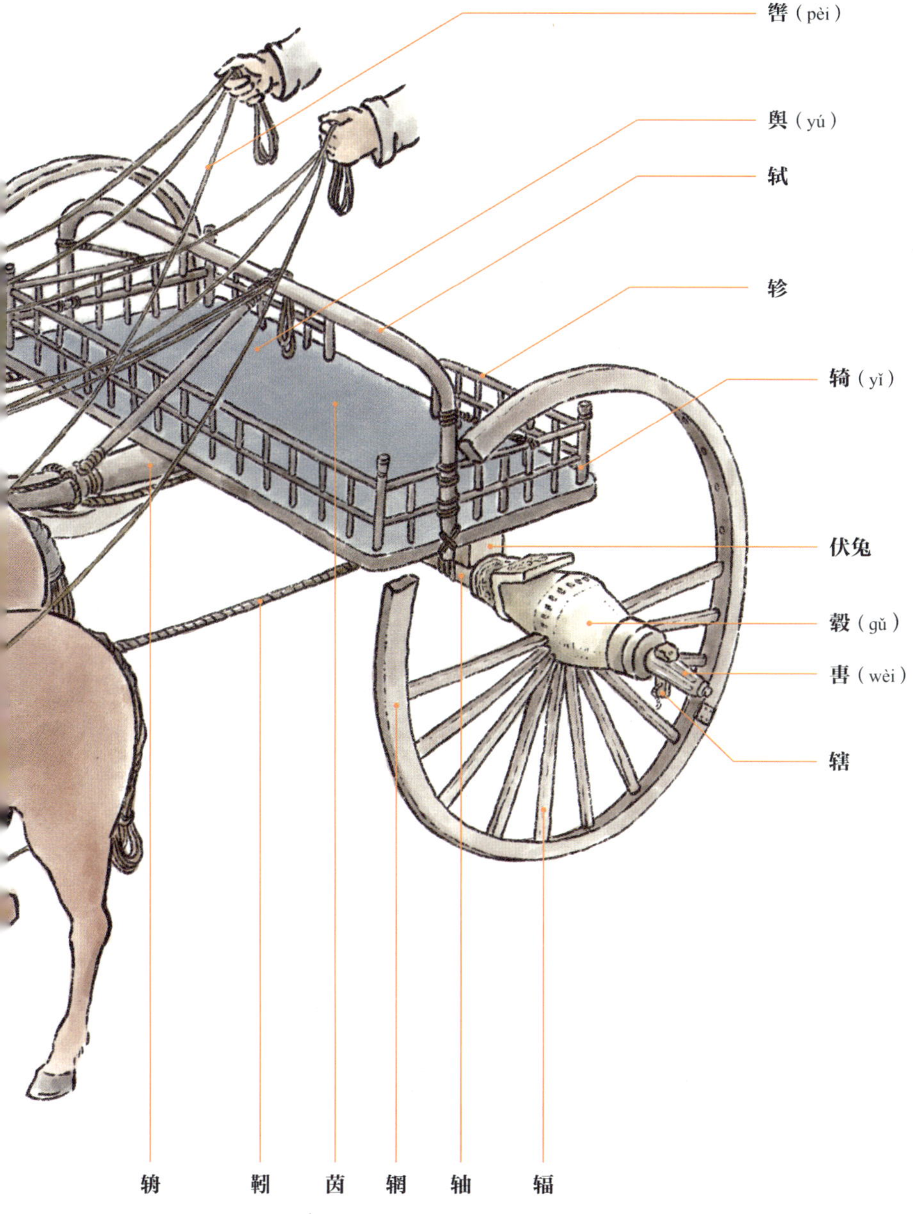
辔（pèi）
舆（yú）
轼
轸
锜（yǐ）
伏兔
毂（gǔ）
軎（wèi）
辖
辀
靷
茵
辋
轴
辐

舆

古代马车的车厢叫舆，这是乘人的部分（所以后世轿子也叫肩舆）。舆的前面和两旁以木板为屏蔽，乘车的人从舆的后面上车。

近年考古发掘表明，上古车舆有的是方形，有的是长方形，有的是六角形。有的周围是栏杆，有的周围是木板。通常都在后部留有缺口，以便乘者升降。

长方形的

正方形的

椭圆形的

弧边形的

栏板高起的

六角形的

绥

《论语·乡党》说：孔子“升车必正立执绥（suí）”，绥是车上的绳子，供人上车时拉手用的。

论语·乡党

升车，
必正立，执绥。
车中，不内顾，
不疾言，不亲指。

关于绥的形制，学者有不同看法。其中一种认为，绥是安装在车舆前方内侧的彩色条带，长度足够人在车下伸手拉住。

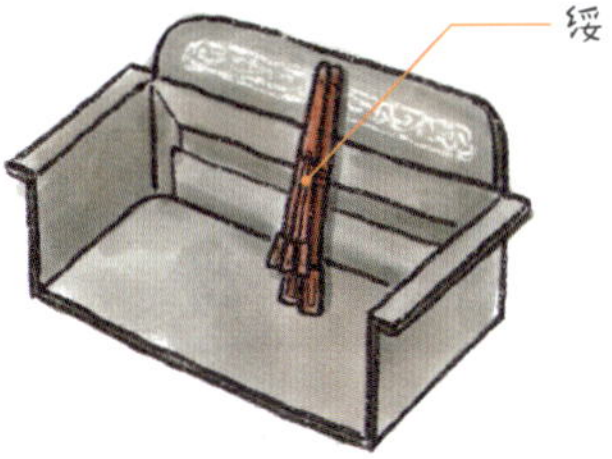

秦陵铜车马一号车舆上的绥

乘车

古人乘车是站在车舆里的，叫作“立乘”（但是“妇人不立乘”，见《礼记·曲礼上》）。舆两旁的木板可以倚靠身体，叫作輢。舆前部的横木可以凭倚扶手，叫作式（轼）。

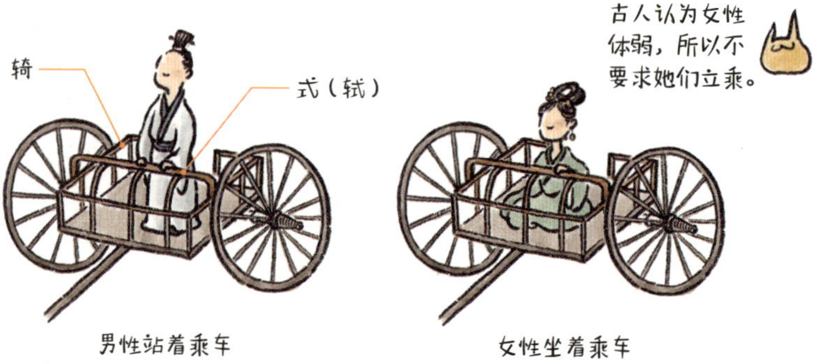

古人在行车途中用扶式俯首的姿势表示敬礼，这种致敬的动作也叫作式（但是“兵车不式”，见《礼记·曲礼上》）。所以《檀弓》说：“夫子式而听之。”

《礼记·檀弓下》：孔子过泰山侧，有妇人哭于墓者而哀，夫子式而听之，使子路问之，曰：“子之哭也，壹似重有忧者。”

车盖

一般车舆上有活动装置的车盖，主要是用来遮雨的，像一把大伞。

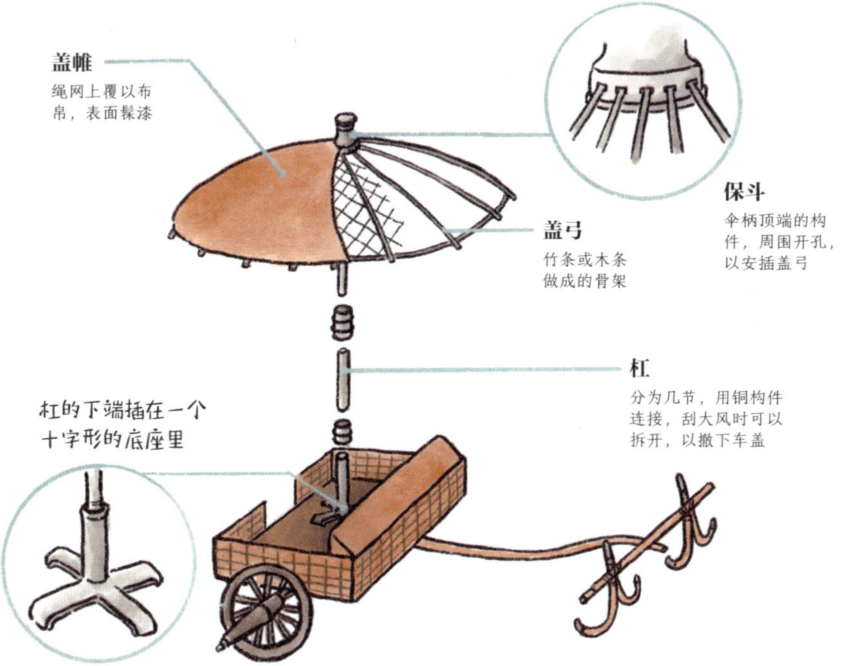

典故·倾盖如故

形容刚刚结识的朋友却有如感情深厚的故人。“倾盖”原先是指两车在路上相逢，车盖靠在一起，后来比喻初次相识。

车轮

车轮的边框叫辋，车轮中心有孔的圆木叫毂（孔是穿轴的），辋和毂成为两个同心圆。《老子》说：“三十辐共一毂。”

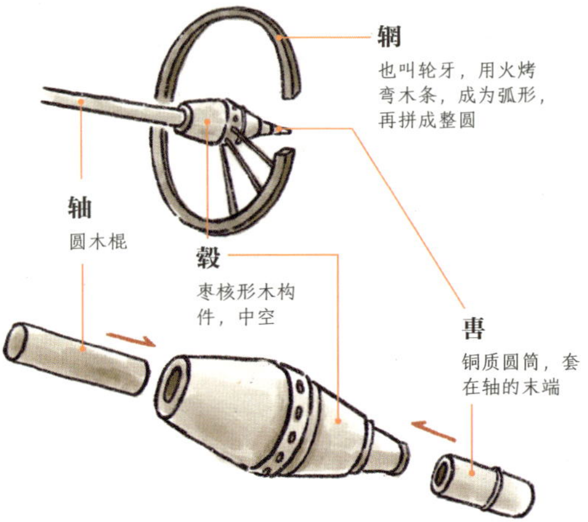

辐是一根一根的木条，一端接辋，一端接毂。四周的辐条都向车毂集中，叫作“辐辏（còu）”，后来辐辏引申为从各方聚集的意思。《汉书·叔孙通传》说：“四方辐辏。”

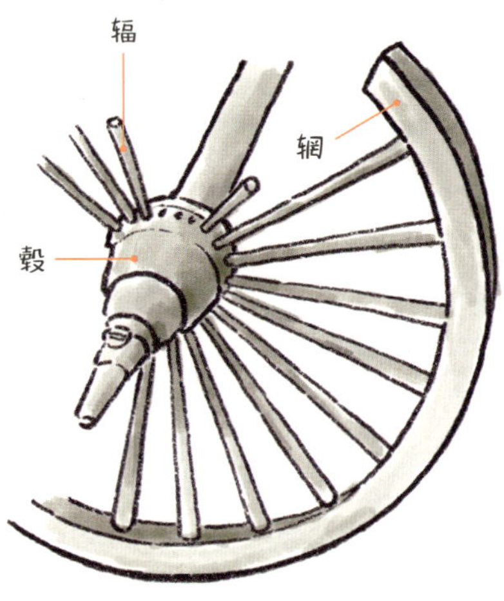

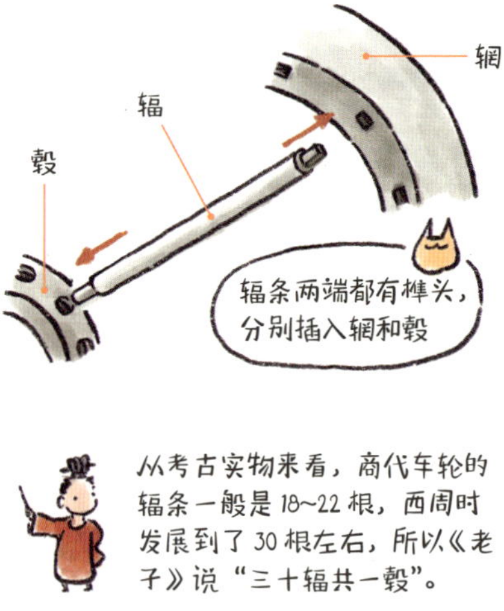

车轴

车轴是一根横梁，上面驾着车舆，两端套上车轮。轴的两端露在毂外，上面插着一个三四寸长的销子，叫作辖（又写作键），不让车轮外脱。辖是个很重要的零件，所以《淮南子・人间训》上提到“夫车之所以能转千里者，以其要在三寸之辖”，后来引申为管辖的意思。

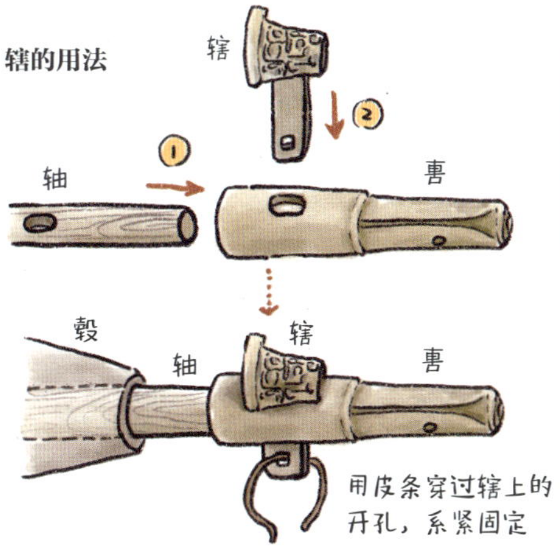

典故・投辖留宾

形容主人留客之殷勤。辖能够保证车轮不脱落，没有辖，车就无法行驶。汉代人陈遵好客，宴饮时，他会把客人的车辖投入井中，好让客人无法离开。

露在毂外的车轴末端，古代有特定的名称叫軎（又写作轊），又叫轨。《诗经・邶风・匏有苦叶》说：“济盈不濡轨。”古人常乘车渡水，这是说济水虽满并没有湿到车轴头，意思是水位不到半轮高。

诗经・邶风・匏有苦叶

有弥济盈，有鷕雉鸣。
济盈不濡轨，雉鸣求其牡。

轨辙

轨的另一个意义是指一车两轮之间的距离，引申为两轮在泥道上碾出来的痕迹，又叫作辙。《礼记·中庸》所谓“今天下车同轨”，并不是有人把天下的车辙大小都规定下来，而是规定了车子的统一尺寸，车轮的轨辙就自然一致了。

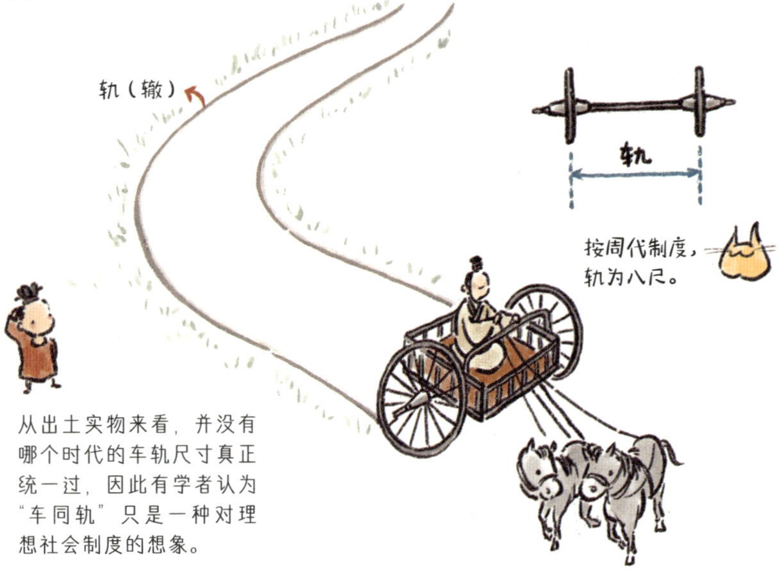

周礼·考工记

匠人营国，
方九里，旁三门，
国中九经九纬，
经涂九轨。

轫

附带说一说轫（rèn）。轫不是车子的组成部分，而是阻止车轮转动的一块木头。行车时先要把轫移开，所以启程称为“发轫”。引申开来，事情的开端也叫“发轫”。

秦始皇陵二号铜车马中的轫

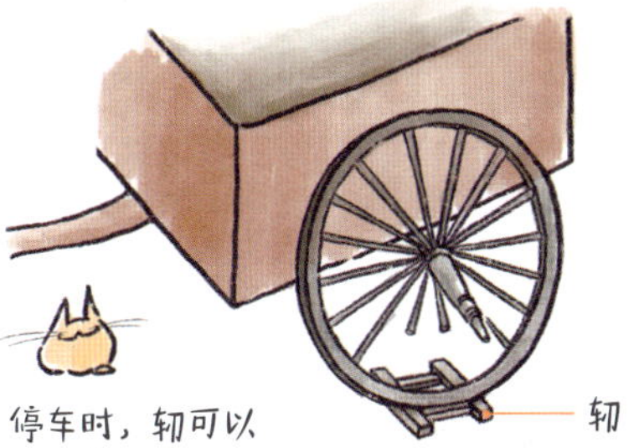

《说文》：轫，碍车也。

《后汉书·申屠刚传》：光武尝欲出游，刚以陇蜀未平，不宜宴安逸豫。谏不见听，遂以头轫乘舆轮，帝遂为止。

辕

辕是驾车用的车杠，后端和车轴相连。辕和辀是同义词。区别开来说，夹在牲畜两旁的两根直木叫辕，适用于大车；驾在当中的单根曲木叫辀，适用于小车。（此据古书所记。近来考古发掘，知道上古乘人的马车多为独辕直木。又，汉代乘人的车，种类复杂化，车辕成双，驾车的马以一匹为常，这里不细说。）

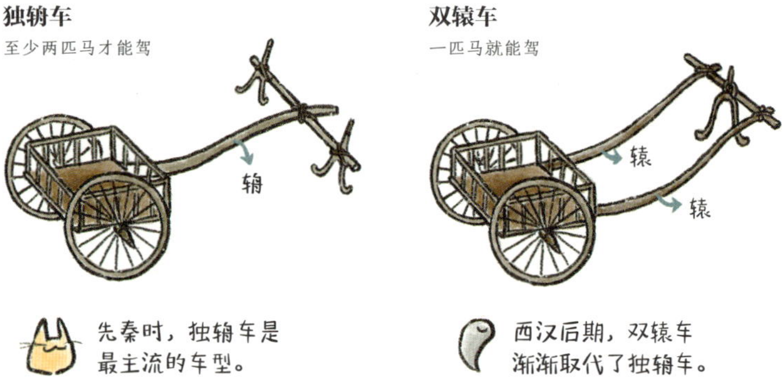

所以《左传·隐公十一年》说：“公孙阏（è）与颍考叔争车，颍考叔挟辀以走。”

《左传·隐公十一年》：郑伯将伐许，五月甲辰，授兵于大宫。公孙阏与颍考叔争车，颍考叔挟辀以走，子都拔棘以逐之，及大逵，弗及，子都怒。

轭

车辕前端驾在牲口脖子上的横木叫作轭。轭和衡是同义词。区别开来说，轭用于大车，衡用于小车。所以《论语·卫灵公》说：“在舆则见其倚于衡也。”

这里说的是中古以后双辕车的情况，上古时，轭和衡并不是同一种东西，衡指车前端的横木，而轭则是人字形的木叉，卡在马颈上。

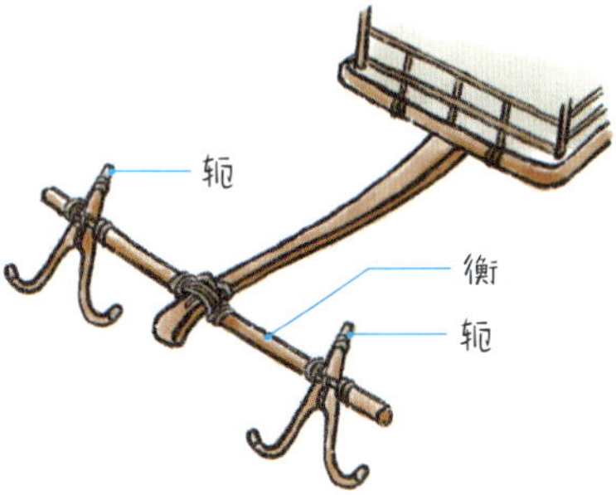

輗

车辕前端插上销子和轭相连，叫作輗（ní）。輗和軏（yuè）是同义词。区别开来说，輗用于大车，軏用于小车，所以《论语·为政》说：“大车无輗，小车无軏，其何以行之哉？”

这里说的实际上应该是辕和衡的连接方式。根据文献记载，輗和軏是连接辕和衡用的销子，但出土实物中还未发现这种构件，考古所见的辕和衡都是用革带捆绑连接的。学者推测上古时期这两种连接方式可能同时存在。

辕、衡连接方式之一

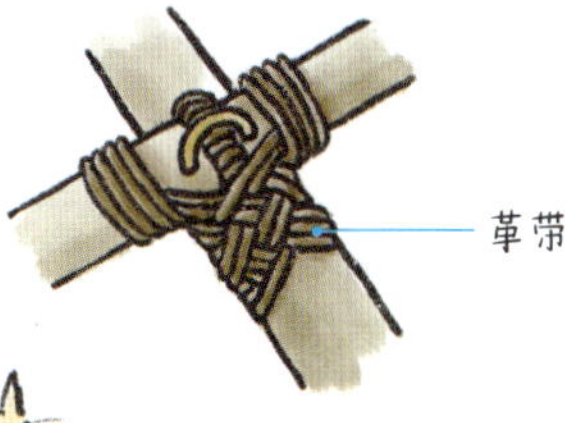

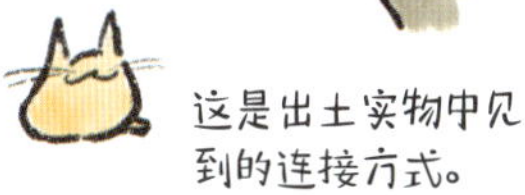

辕、衡连接方式之二

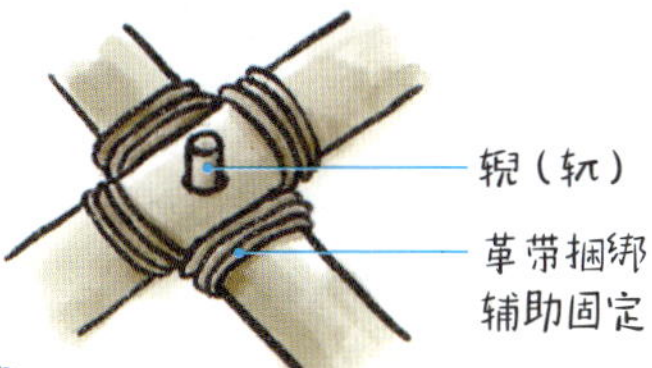

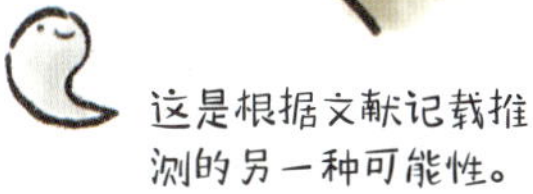

位次

古人乘车尚左（以左方为尊），尊者在左，御者在中，另有一人在右陪乘。陪乘叫作骖乘，又叫车右。所以《左传·宣公二年》说："其右提弥明知之。"

兵车情况不同。主帅居中自掌旗鼓，御者在左，另有一人在右保护主帅，叫作车右。一般兵车则是御者居中，左边甲士一人持弓，右边甲士一人持矛。

骖服

驾车的马如果是三匹或四匹，则有骖服之分。两旁的马叫骖，中间的马叫服。一说服之左曰骖，右曰骓。笼统地说，则骖和骓是同义词。

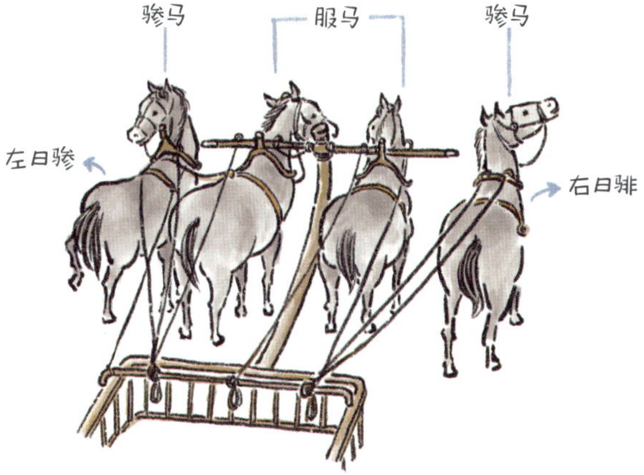

所以《楚辞·九章·国殇》说：“左骖殪（yì）兮右刃伤。”王勃《滕王阁序》说：“俨骖騑于上路。”

楚辞·国殇

操吴戈兮被犀甲，
车错毂兮短兵接。
旌蔽日兮敌若云，
矢交坠兮士争先。
凌余阵兮躐余行，
左骖殪兮右刃伤。

装饰附件

古代贵族的车马还有若干装饰附件，不一一叙述。

軎

軎是套在车轴末端的构件，常用青铜制作，表面有纹饰，兼有保护和装饰作用。

铜鍱（yè）

即铜箍，用铜薄片制作，通常安装在辋（轮牙）的接缝处，把两根弧形的牙木牢固接合在一起。

軏饰

嵌套在軏上的表面装饰附件，有些套在軏首或軏足上，有些包裹在軏身上。

西周·青铜軎

北京琉璃河出土

战国·铜軎

河北平山出土

銮

也称“銮铃”，是安装在衡上或者轭上的铃铛。銮的圆形部分是中空的，里面装有小弹丸，马车走动时就会摇晃发出响声，起到警示行人的作用。

西周·铜銮铃

河南三门峡出土

衡饰

车衡上的装饰附件。套在衡末端的叫衡末饰，包裹在衡中部的叫衡中饰。往往有错金银、鎏金等装饰做法。

西周·衡中饰

河南三门峡出土

西周·衡末饰

河南三门峡出土

辕饰

也叫辕首饰，是安装在辕顶端的装饰附件。筒状，一端封闭，一端套在辕头。器身往往有对称的圆孔，用以固定。

西周·辕饰

陕西宝鸡出土

战国·辕饰

河南辉县出土

骑马

上文说过，战国以前马是专为拉车用的。《左传·昭公二十五年》：“左师展将以公乘马而归。”孔疏：“古者服牛乘马，马以驾车，不单骑也。至六国之时始有单骑，苏秦所云‘车千乘，骑万匹’是也。”但是孔疏又引刘炫的话，以为左师展“欲共公单骑而归”，这是“骑马之渐”（开端）。

我们认为春秋时代可能有骑马的事，但那只是极个别的情况。到了战国时代，赵武灵王胡服骑射，才从匈奴学来了骑马。后来骑马之风才渐渐盛起来的。

中国古代的马具

马具可以分为两大类：驾车时所用的是鞁（bèi）具和挽具；骑马时所用的是鞍具。鞁具和挽具出现得很早，而鞍具是战国后期才出现的。这里主要介绍鞍具。

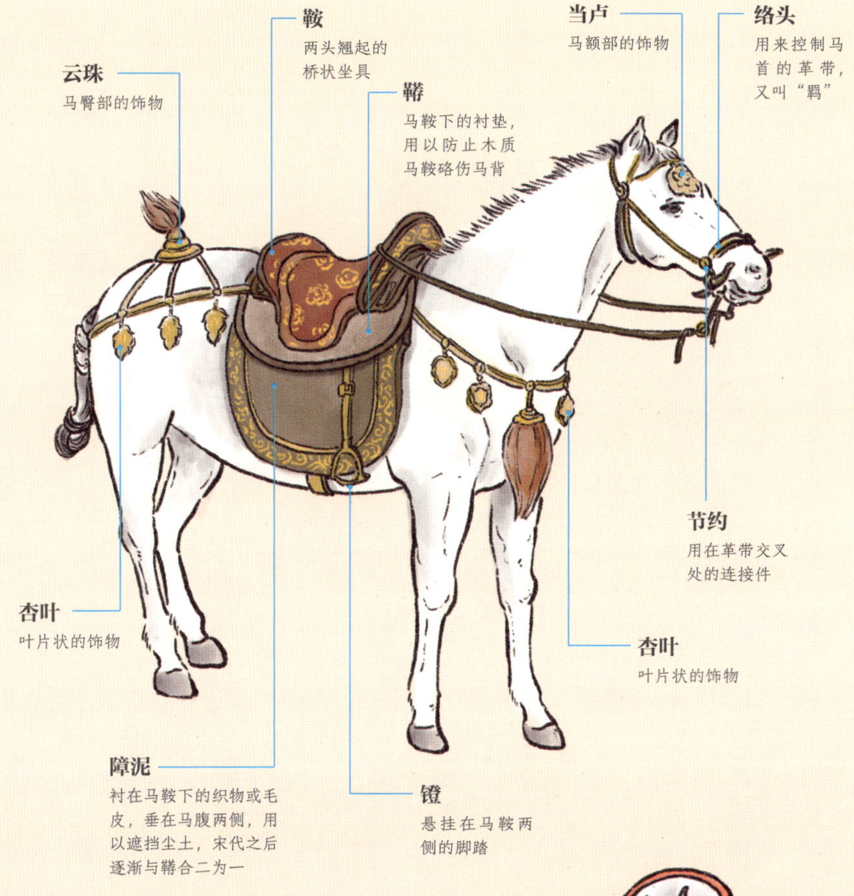

白马饰金羁，
连翩西北驰。

什物篇

筵席

古人席地而坐，所以登堂必先脱屦。席长短不一，长的可坐数人，短的仅坐一人。席和筵（yán）是同义词。区别开来说，筵比席长些，是铺在地上垫席的；席是加在筵上供人坐用的。

短席仅坐一人　　长席可坐数人　　位尊者坐重席

后来筵字用来表示宴饮的陈设。陈子昂《春夜别友人》："金樽对绮筵。"近代"筵席"成为一个词，用作酒馔（zhuàn）的代称。

床

古代床有两用，既可以用作卧具，又可以用作坐具。《诗经·小雅·斯干》“载寝之床”，那是用作卧具；《孟子·万章上》“舜在床琴（琴，用如动词，意思是‘弹琴’）”，那是用作坐具。

甲骨文的“床”字

就是一张竖起来的床。

【先秦时期】
床已经出现，但不普及，只有贵族才能坐卧使用。当时床的高度很矮，只有十几厘米。作为卧具的床大都装配围栏。

【汉代】
床仍是堂上的主要坐具，大床常在一侧设屏，背后设扆（yǐ），右侧开敞，以符合《礼记》中自西面升席的规定。

【南北朝时期】
床的应用更加普遍，出现了三面围屏的床。这个时期，日常起居中跪坐的习惯开始向垂足坐转变，因此床腿的高度也有所增加。

【唐代】
适应跪坐的低型家具与适应垂足坐的高型家具并行，床的概念变得模糊宽泛，用于坐、躺卧和置物的床在形制上没有太大区别。

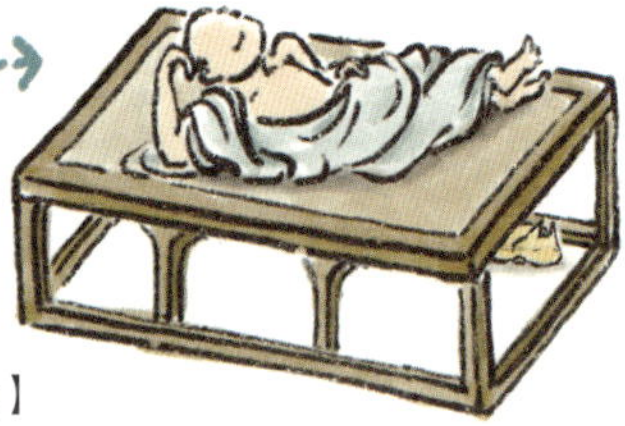

【宋代】
低型家具向高型家具转变完成，床的概念趋于定型，特指摆放在卧室中的眠床。

几

古人坐时两膝跪在席或床上，臀部坐在脚后跟上，坐时可以凭几。

跪
两膝着地，臀部悬空，腰向前倾。表示恭敬

坐
两膝着地，臀部落在脚后跟上

长跪
两膝着地，腰身挺直。也可以表示敬意

箕踞
在古代被认为是一种不恭敬的坐式，所谓箕踞，是说坐时臀部着地，两足向前伸展，膝微曲，其状如箕

战国策·燕策
秦王复击轲，被八创。
轲自知事不就，
倚柱而笑，箕踞以骂。

荆轲用箕踞的姿势倚柱斥骂，是为了表达对秦王的蔑视和羞辱。

几是长方形的，不高，类似今天北方的炕几。《孟子·公孙丑上》说孟子“隐（读 yìn，动词，意思是凭靠）几而卧”。《庄子·齐物论》说“南郭子綦（qí）隐机而坐”，机就是几。几通常是老年人凭倚的，所以古代常以几杖并举，作为养尊敬老的用具。

几，也叫“隐几”或“凭几”，通常放在席上或床上使用。所谓几案，原本是放在身前用于置物的长方形小桌，因为坐时凭几，能让上半身有所倚靠而更舒适，几就发展出了凭倚的功能。

后来，几的形状由直变曲，更加贴合身体，成为专门倚靠的用具，不再承担置物功能。这样，几和案逐渐分化：用来靠倚的叫几，用来置物的叫案。

两足直几

是先秦至汉代几的主要形制，使用时通常放在身体前方

三足曲几

魏晋南北朝时期开始出现并流行的几，一般放在身侧，倚靠起来更加舒适

后世圈椅的弧形靠背，就是从这种形式发展而来的。

案

古代进送食物用的托盘叫作案，有长方形的，也有圆形的，前者四足，后者三足，可以放在地上，这是食案。食案形体不大，足很矮，所以《后汉书·梁鸿传》说梁鸿妻“举案齐眉”。

此外还有书案，长方形，两端有宽足向内曲成弧形，不很高。后世因为坐的方式改成今天的样子，所以才有较高的案几和桌椅。

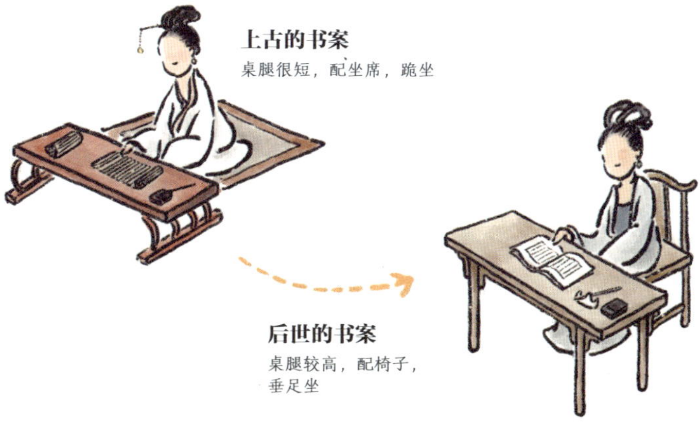

烛

先秦已有烛字，但是上古的烛并不是后世所指的蜡烛。《说文》说："烛，庭燎大烛也。"烛和庭燎是一样的东西，都是火炬。细分起来，拿在手上叫烛，大烛立在地上叫庭燎。据说大烛是用苇薪做的，小烛是用麻蒸（大麻的秸杆）做的。

甲骨文的"燎"字

就是木柴燃烧的样子。

诗经・小雅・庭燎

夜如何其？

夜未央，庭燎之光。

执之曰烛　　在地曰燎

长夜未明，庭院中的火炬燃起亮光。

蜡烛大约出现于东汉后期，当时是用蜂蜡制作的，和现代所用的石蜡不同。蜂蜡很珍贵，因此蜡烛在很长一段时间内都是贵族专用的豪奢之物，直到唐代才得以普及。"烛"的字义也在后世逐渐由火炬演变为蜡烛。

东汉・黑釉羊形瓷烛台

浙江省博物馆藏

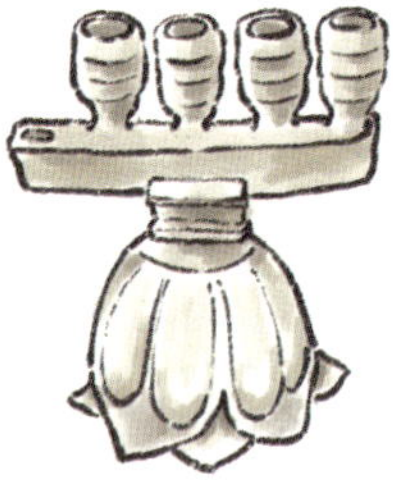

北朝・青釉覆莲座烛台

河北博物院藏

灯

战国时代就有照明用的镫（灯）了，当时的灯和后世的灯不同，因为形状类似盛食物的登（瓦豆），所以就叫作镫。

早期的灯以油脂为燃料，由盛油脂的容器和灯芯两部分组成。灯芯有软有硬，硬灯芯（麻蒸）可以直接插在灯盏当中；软灯芯（麻缕、纱）需要以台面承托，因此灯盏中央常有一个凸起的小圆台或圆柱。

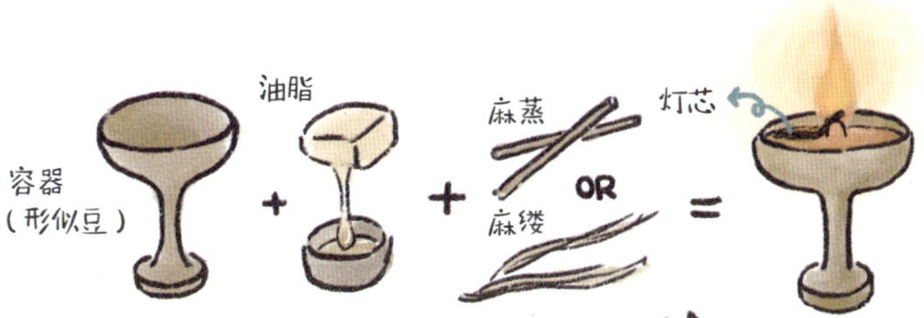

这种豆形灯，是灯最古老悠久的形制。后来灯的形制就逐渐多样化了。

战国·铜人擎双灯
中国国家博物馆藏

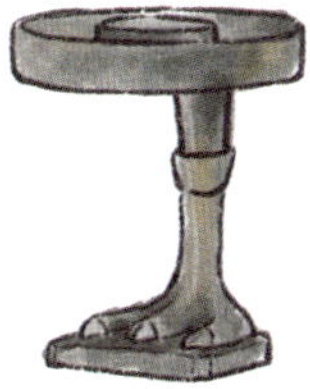

西汉·中宫雁足灯
上海博物馆藏

汉·绿釉承盘灯
台湾历史博物馆藏

Note

早期有些灯具没有灯芯，点燃时油脂燃烧面积大，燃烧速度快，就会产生黑烟，因此需要导烟管。

西汉·雁鱼青铜釭灯
中国国家博物馆藏

东汉·人形铜吊灯
湖南博物院藏

古代点灯用膏，膏是兽类的脂肪，《楚辞·招魂》说：“兰膏明烛，华灯错些。”点灯用植物油，是后起的事。

古文中“膏”和“脂”都指动物脂肪，“凝者曰脂，释者曰膏”，脂是凝结成块的油，膏是液态的油。古人很早就会利用动物油来点灯，用植物油（麻油、荏油）点灯的记载则到汉代才出现。南北朝时，榨取植物油的技术成熟，此后用植物油点灯就越来越普遍了。

东晋志怪小说《拾遗记》中说周穆王有凤脑之灯，后来“凤脑”一词就成为灯油的美称。

成语“焚膏继晷”的意思就是点燃灯烛，接续日光。形容夜以继日地勤奋读书。

楚辞·招魂

娱酒不废，沈日夜些。
兰膏明烛，华灯错些。
结撰至思，兰芳假些。
人有所极，同心赋些。

“兰膏”是加入兰香（一种香草）炼制的油，燃起来有香味。

传说秦始皇陵中有人
鱼膏做的长明灯。

农具

耒耜（lěi sì）是上古耕田的工具。《说文》说："耒，手耕曲木也。"起初是用自然的曲木，后来知道"揉木为耒"。耒和耜本来是两种农具。耒上端勾曲，下端分叉；耜的下端则是一块圆头的平板，后来嵌入青铜或铁片，就成了犁的前身。

山东武梁祠汉代画像石中耒的形象

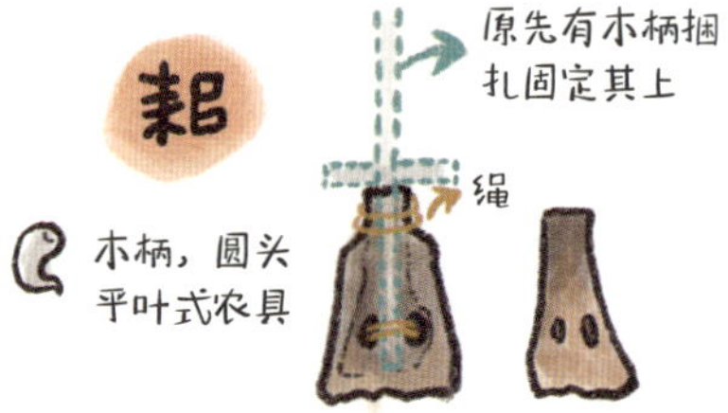

浙江河姆渡遗址出土的骨耜

甲骨文中的偏旁"耒"

金文中的"目"（yǐ，耜的本字）

古人常以耒耜并举，例如《孟子·滕文公上》说："陈良之徒陈相，与其弟辛，负耒耜而自宋之滕。"古代注家往往认为耒耜是一种农具的两个不同部位的名称，认为耒是耜上端的曲木，耜是耒下端的圆木或金属刃片，可见耒耜混淆由来已久。后来耒耜用作一般农具的代称。

耒和耜虽然早已消失，但后世的许多农具仍在一定程度上保留了耒耜的形态和功能，可以视为耒耜的遗制。例如杈、锨（xiān）、铧、锹、镵（chán）等。

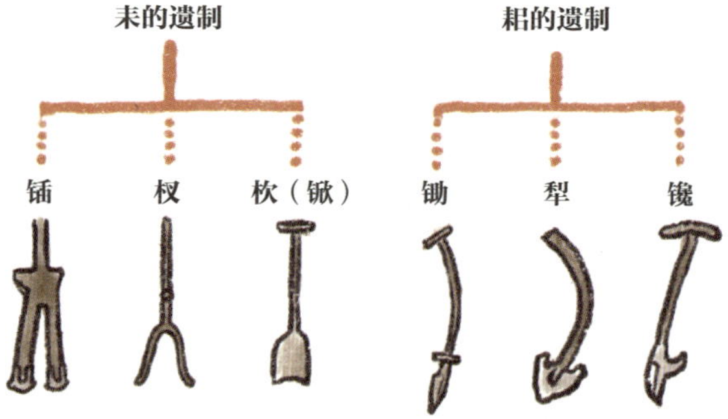

《农书》：锸，锹也，所以开渠也。……杈，籍禾具也。……杴，锸属，但其首方阔，柄无短拐，此与锹锸异也。……今易耒耜而为犁。……长镵，踏田器也。

铚（zhì）是一种短小的镰刀，钱和镈（bó）是耘草挖土的铲形农具。在上古时代，钱镈大约曾经是交易的媒介，所以春秋晚期和战国的货币模仿钱镈的形状，称为钱或布（布和镈古音相同）。

铚

用手握持以切割禾穗的农具

《说文》：铚，获禾短镰也。

钱

使用时向前推的铲形农具

《说文》：钱，铫也。古田器。

镈

使用时向后拉的锄形农具

* 虚线形状根据出土商代农具绘制

《广雅·释器》：镈，锄也。

上古的钱和镈是什么样，我们已经无法确切知道了，只能从这种农具演变出的货币推想它原先的形制。

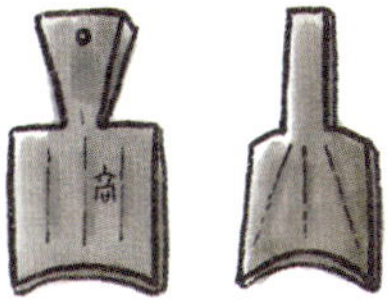

先秦时期使用的布币

也有学者认为，布币的形状只模仿钱，而未模仿镈，布币之名源自布帛之布，与镈无关。新近的研究和考古发现表明，先秦时期的确曾以布帛作为货币，佐证了这一观点。

烹饪器

上古的烹饪器有鼎、鬲、甗等。有陶制的，也有青铜制的。

鼎　鬲　甗　釜　甑

鼎、鬲、甗，还有后面会讲到的釜、甑，都属于烹饪器，也就是用来蒸煮食物的炊具。除了日常使用，祭祀时也会作为礼器出现。

鼎

鼎是用来煮肉盛肉的，一般是圆腹三足（所以古人用“鼎足”“鼎立”等词语来譬喻三方并峙的情况。《史记·淮阴侯列传》：“三分天下，鼎足而居。”），也有长方形四足的，那是方鼎。

鼎是青铜器中流行时间最长的器物，也是中国古代最重要的礼器。

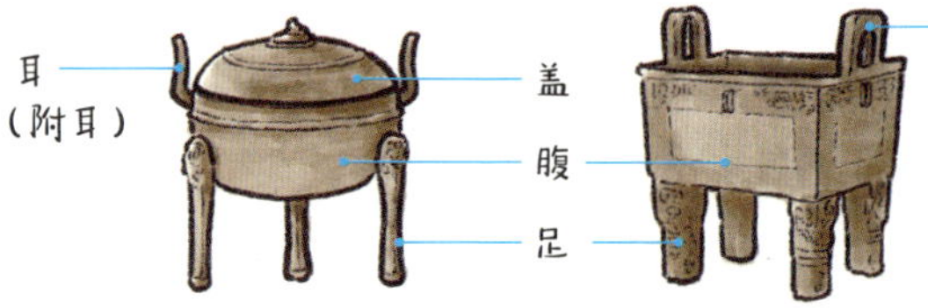

有的鼎有盖，有的无盖。无盖的鼎，耳向上直立，叫立耳；有盖的鼎，耳向外伸出，叫附耳。

鼎的体量差别很大，已知最大的鼎高达一米多，小的鼎则只有一二十厘米高。

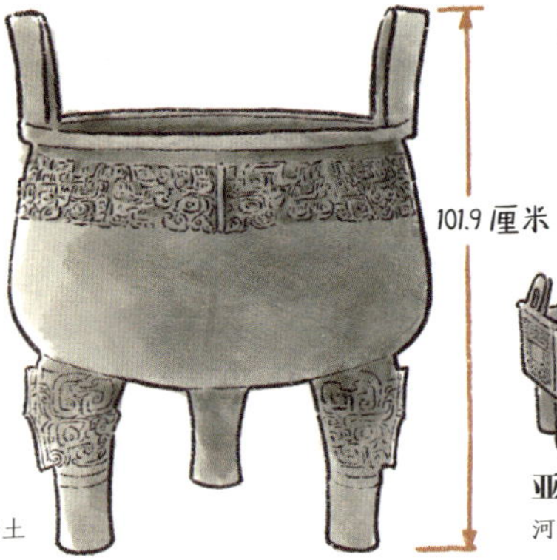

大盂鼎
陕西眉县礼村出土

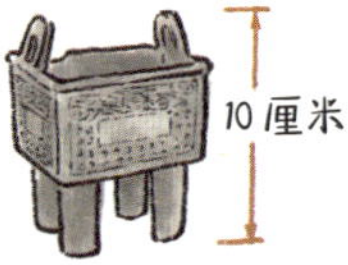

亚小方鼎
河南安阳殷墟出土

考古学家怎么知道一件青铜器应该叫什么名字呢？

一些青铜器上的铭文会提到自己的名字，这是准确无疑的，由此就能为此类形制的青铜器定名。但也有些种类的青铜器，还没有在铭文中找到名字，那就要根据古文献中的相关描述来推断它是何种器物。

这件形制特殊的器物没有铭文，考古工作者系根据它三足的特征，将它定名为鼎。

*也有学者认为这件器物应当定名为“尊”

陶鹰鼎
陕西华县太平庄出土

鼎口左右有耳，可以穿铉（xuàn），铉是抬鼎用的杠子。鼎足的下面可以烧火，有几种肉食就分几个鼎来煮，煮熟后就在鼎内取食，所以说“列鼎而食”。钟鸣鼎食是贵族奢侈生活的一个方面。王勃《滕王阁序》说：“闾阎扑地，钟鸣鼎食之家。”

古人用匕从鼎内把肉取出来后，放在俎上用刀割着吃。所以古书上常以刀匕并举、刀俎并举。匕是长柄汤匙。俎是一块长方形的小板，两端有足支撑着，一般是木制的，铜俎很少。

bǐ
匕

甲骨文　金文

舀取食物的器具
勺形 / 铲形 / 扁平
长条形

匕、勺、斗是形制功能相近的一类器物，称为“挹（yì，舀）取器”。

匕 挹食器（餐匙）

匕又分为取肉的“牲匕”和取饭的“饭匕”。

铜牲匕
湖北荆州天星观出土

铜饭匕
陕西宝鸡茹家庄出土

勺 挹酒器（酒舀）

亚其勺
故宫博物院藏

斗 挹水器（水瓢）

铜斗
河南安阳殷墟出土

勺和斗在形制上并没有明确分别，区别只是用途不同。

dāo
刀
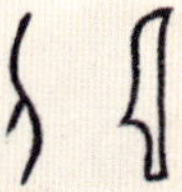
甲骨文　金文

砍削用的锋刃器
长条形
长边一侧有刃

俎 切肉用的砧板，形制似案

铜刀
河南安阳殷墟出土

漆木俎
河南信阳长台关出土

典故·人为刀俎，我为鱼肉

出自《史记·项羽本纪》。楚汉相争时，范增设宴谋害刘邦，刘邦想借如厕的机会逃走，又有些犹豫要不要先去告辞。樊哙说：“如今我们好比搁在俎上等待人家宰割的鱼肉，还告什么辞？”比喻生杀大权掌握在别人手里，只能任人宰割。

刘邦
汉代开国皇帝

樊哙
武将，汉代开国元勋

青铜器是怎么制作的？

在世界范围内，青铜器的铸造主要使用模范法和失蜡法两种技术。学者们一致认为我国上古时期的青铜器大都用模范法制造，失蜡法有无应用，则始终存在争议。此外，分块铸造再组合的技术（分铸法）无疑在西周时就已经成熟了。

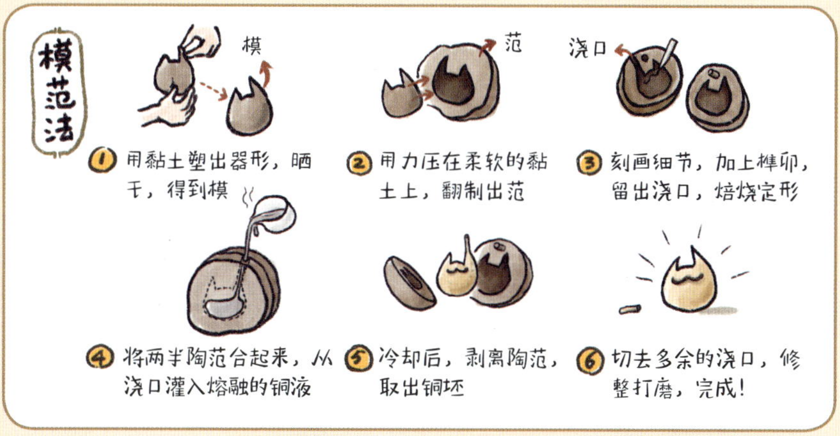

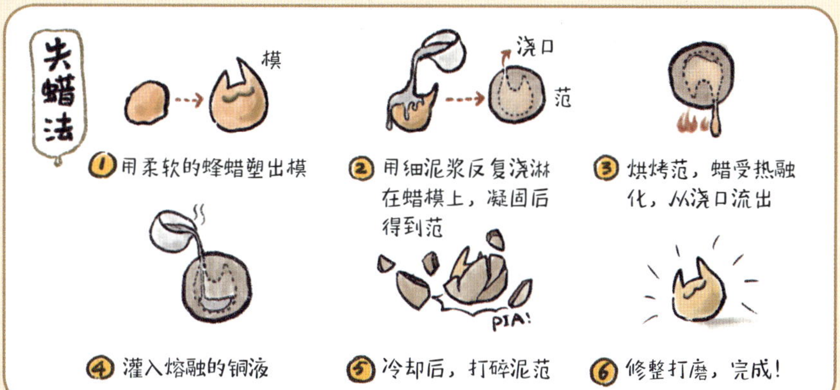

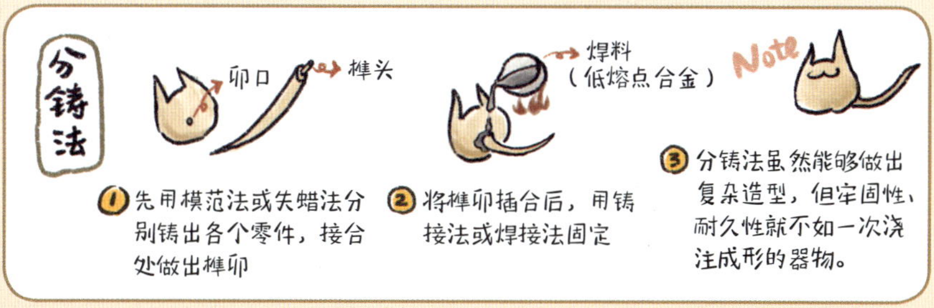

鬲甗

上古煮饭用鬲，蒸饭用甗。鬲似鼎，有三只空心的短足，下面举火炊煮。甗分为上下两层。下层似鬲，里面盛水，烧火煮水使蒸气上升到上层；上层似甑（底部有孔的蒸器），里面放米谷之类。上下两层之间有个带着许多孔的横隔［箅（bì）子］，既便于透过蒸气，又免得米谷漏到下层。

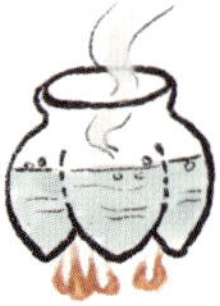

陶鬲
河南安阳殷墟出土

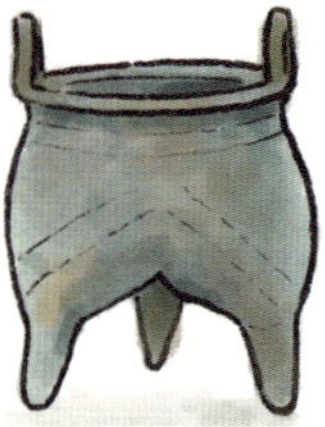
铜鬲
三门峡博物馆藏

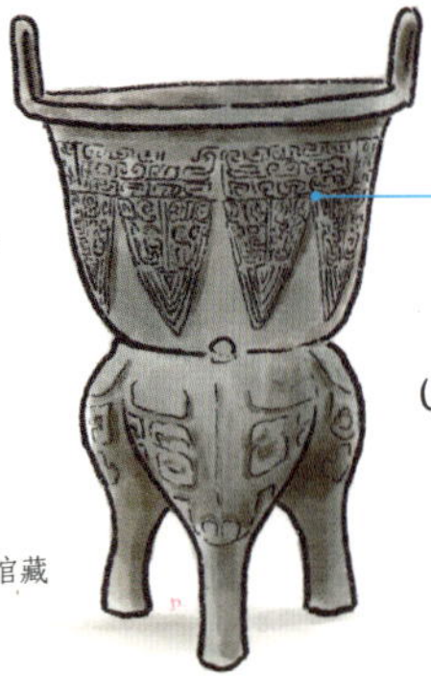
母癸甗
上海博物馆藏

釜 甑

古书上常见釜甑并举。《孟子·滕文公上》:“许子以釜甑爨(cuàn,炊煮食物),以铁耕乎?”《史记·项羽本纪》:“项羽乃悉引兵渡河,皆沉船,破釜甑。”釜甑是配合起来用的。釜似锅,它的用途相当于甗的下层;甑似盆,底部有细孔,放在釜上,相当于甗的上层。釜甑之间也有箅子。

fǔ
釜

金文

烹煮食物用的器具
圆形
有盖 / 无盖
有耳 / 无耳
平底

铜釜
陕西历史博物馆藏

zèng
甑

籀文

烹煮食物用的器具
圆形
无盖
底部有小孔

陶甑
湖南博物院藏

铜釜甑
徐州博物馆藏

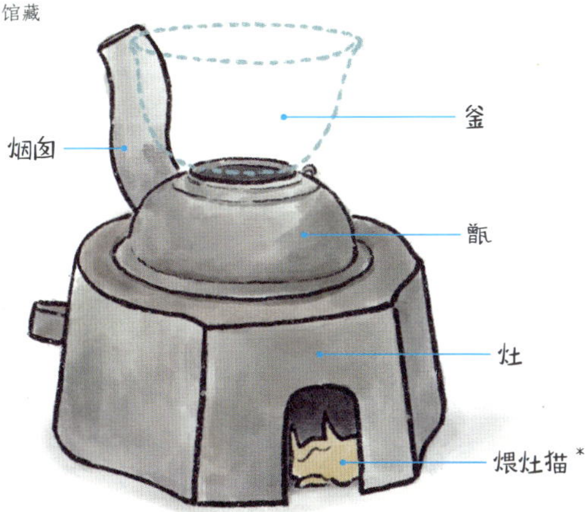

* 吴语区方言

铜灶(附甑)
湖南博物院藏

现存的釜甑大多都是汉代的。战国中后期,随着灶台的使用,鬲的袋足逐渐退化,最终成为平底的釜。甗也就被釜甑的组合取代了。

盛食器

古人盛饭盛菜不用盌（盌同“碗”）。《说文》虽有盌字，那是“小盂”（水器）。传世古器自铭为盌的，实际上是一个小盂旁边加上一个柄，那是用来舀水的。

匽（yān）侯盂

中国国家博物馆藏

上古盛饭用簋，一般圆腹圈足（足在腹底，成圈状），两旁有耳，是青铜或陶制的，也有木制或竹制的。

*圈足下又附矮足，是较少见的形制

敔（yǔ）簋

河南博物院藏

又有一种簠，长方形，用途和簋相同。

fǔ

簠 金文 小篆

盛饭用的器具
斗状方体，斜壁
方圈足
有盖
有耳 / 无耳

簠的盖子也可以倒过来当盘用。

簠和簋一样，是古代祭祀和宴飨时盛放黍、稷、粱、稻等饭食的器具。

《周礼·地官》：凡祭祀，共簠簋，实之陈之。

山奢虎簠
上海博物馆藏

*“山奢虎”是人名，即这件器物的主人

上古的盛食器还有豆，像今天的高脚盘，有的有盖。豆本来是盛黍稷的，后来逐渐变为盛肉酱、盛肉羹了。古代木豆叫作豆，竹豆叫作笾（biān），瓦豆叫作登或豋（dēng）。《诗经·大雅·生民》：“于豆于登。”铜豆还有别的名称，这里没有必要细说。

dòu

豆 甲骨文 金文

盛食物用的器具
圆形 / 方形
高足
多数有盖

陶豆（瓦豆）在新石器时代就已经出现了，后来又出现了木豆和铜豆。春秋战国时期出现的油灯，就是从豆演变而来。

漆木豆
湖北省博物馆藏

良渚文化黑陶豆
上海博物馆藏

三角菱纹乳丁铜豆
台北故宫博物院藏

筷子

筷子古代叫箸（zhù），但是先秦时代，吃饭一般不用筷子。《礼记·曲礼上》：“毋抟（tuán）饭。”意思是不要用手把饭弄成一团来吃，可见当时是用手送饭入口的。

礼记·曲礼上

毋抟饭，毋放饭。
毋流歠。
毋咤食，毋啮骨。
毋反鱼肉，
毋投与狗骨。

毋抟饭

不要把饭捏成一团

毋放饭

不要把拿起来的饭又放回盛饭的器皿

毋流歠（chuò）

不要大口大口把汤往嘴里灌

毋咤食

咀嚼时不要发出吧唧嘴的声音

毋啮骨

不要咬嚼骨头

毋反鱼肉

不要把咬过的鱼肉又放回器皿中

毋投与狗骨

不要用吃剩的骨头喂狗，显得轻贱饮食

但是在一定情况下则用筷子。《礼记·曲礼上》："羹之有菜者用梜(jiā)"，孔疏："以其菜交横，非梜不可。"梜就是一种筷子。大约到汉代才普遍用筷子。《汉书·张良传》说："请借前箸以筹之。"

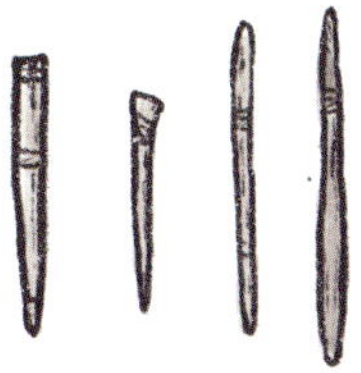

新石器时代的骨箸

江苏高邮龙虬庄遗址出土

商代的铜箸

安阳殷墟出土

《汉书·张陈王周传》：汉王方食，曰："客有为我计桡楚权者。"具以郦生计告良，曰："于子房何如？"良曰："谁为陛下画此计者？陛下事去矣。"汉王曰："何哉？"良曰："臣请借前箸以筹之。……其不可八矣。诚用此谋，陛下事去矣。"汉王辍食吐哺，骂曰："竖儒，几败乃公事！"

盛酒器

上古的盛酒器有尊、觥（gōng）、罍（léi）、壶等。

zūn

尊

甲骨文　金文

盛酒 / 盛水用的器具
圆形 / 方形
无盖
无耳
圈足

人生如梦，一尊还酹江月。——宋·苏轼

何尊

陕西宝鸡贾村出土

《诗经·周南·卷耳》："我姑酌（zhuó）彼金罍""我姑酌彼兕（sì）觥"，那是盛酒器。罍壶除了盛酒外，还用来盛水。

léi

罍

甲骨文　金文

盛酒 / 盛水用
圆形 / 方形，
器体较高，有盖
两耳 / 四耳
圈足 / 平底

hú

壶

甲骨文　金文

盛酒 / 盛水用
圆形 / 方形
有盖
无耳
圈足

皿方罍

湖南博物院藏

伯孜父壶

上海博物馆藏

觥，同时又是饮酒器，所以《诗经·豳风·七月》说：“称彼兕觥，万寿无疆。”

gōng

觥　觥（小篆）

*甲骨文和金文中都还没有发现这个字。

盛酒 / 饮酒用的器具
椭圆形 / 方形 / 兽形
圈足 / 四足 / 三足
有盖，有流

司母辛四足觥
河南安阳殷墟出土

“觥筹交错”常常用来形容酒宴上的热闹场景，本义是酒杯（觥）和行酒令用的筹子（筹）杂乱地放在一起。

* 竹木削成的签子，用以计数

古人用斗勺来舀酒、舀水。舀叫作挹（yì），舀后倒到饮器中叫作注。所以《诗经·小雅·大东》说：“不可以挹酒浆。”《诗经·大雅·泂（jiǒng）酌》说：“挹彼注兹。”

诗经·大雅·泂酌
维南有箕，
不可以簸扬。
维北有斗，
不可以挹酒浆。

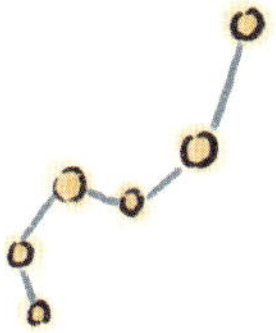

南斗
由六颗星组成，形状如斗，位于箕星之北

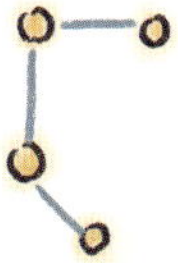

箕星
由四颗星组成，形如簸箕，位于南斗之南

南斗和箕星离得很近，在现代天文学家看来，都是人马座的一部分。

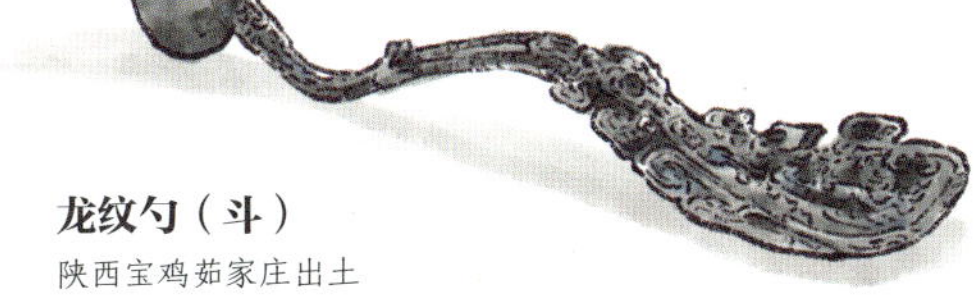

龙纹勺（斗）
陕西宝鸡茹家庄出土

勺和斗长得差不多，判别勺和斗，主要看它出土时是置于酒器中还是置于水器中，舀酒的是勺，舀水的是斗。

饮酒器

爵是古代饮酒器的通称。但是作为专名，爵是用来温酒的，它有三只脚，下面可以举火。

商周时，爵常常用在祭祀活动中，是象征身份的礼器。天子封赏诸侯时也会赐爵。到西周时，就出现了“爵位”这种赐封制度。

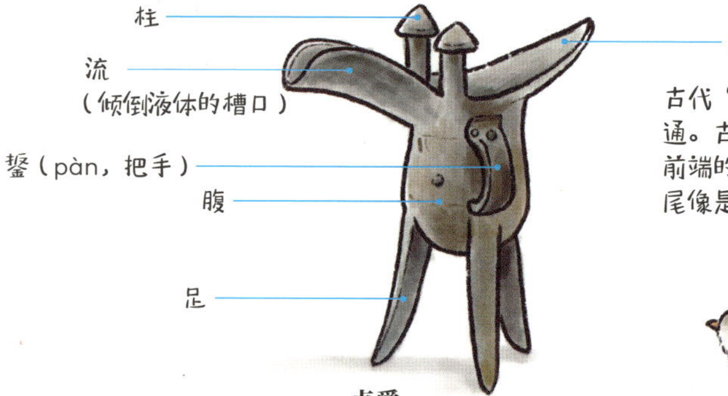

贞爵

河南安阳殷墟出土

古代“爵”字与“雀”字相通。古人认为，爵形似雀，前端的流像是雀喙，后端的尾像是雀尾。

《说文》：雀，依人小鸟也。从小隹。读与爵同。

《周易·中孚》：我有好爵，吾与尔靡之。

上古常用的饮酒器是觚和觯，觯比较轻小，所以古人说“扬觯”。

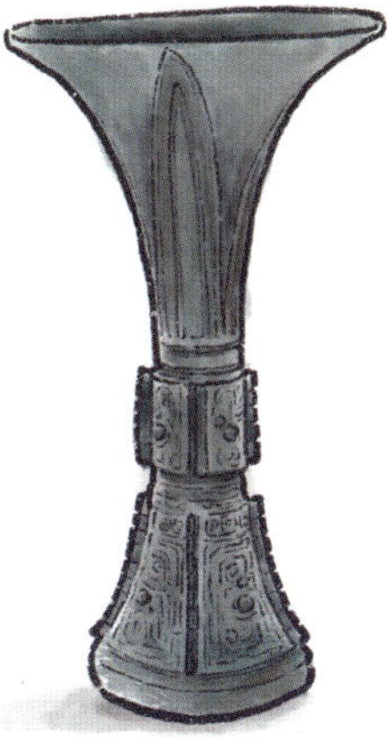

亚其觚

河南安阳殷墟出土

gū

觚

小篆

饮酒用的器具
无盖
圆形（方形罕见）
圈足，敞口
器身较长

觚的形态从商到周演变明显，大体上是从短粗变得细长，形体趋于圆润。孔子认为觚已经不符合古时的形制，因此发出这样的感慨。

《论语·雍也》·子曰：觚不觚，觚哉！觚哉！

zhì

觯

小篆

饮酒用的器具
有盖 / 无盖
圈足，敞口
商代圆腹，周代长身

觯和觚这两种酒器，都还没有在铭文上发现过它们自己的名字，但是根据古书上的描述，也有把握为之定名。

扬觯，意为高举起酒杯，是古时饮酒的一种礼节。

我为苏公起扬觯，雅歌缓带聊堪同。——宋·晁补之

小臣单觯

上海博物馆藏

杯

战国以后出现了一种椭圆形的杯（桮，读 bēi），两侧有弧形的耳，后人称为耳杯，又叫羽觞（shāng）。（《汉书·外戚传》颜师古注引孟康曰："羽觞，爵也，作生爵形，有头尾羽翼。"此外还有别的说法，这里不列举。）

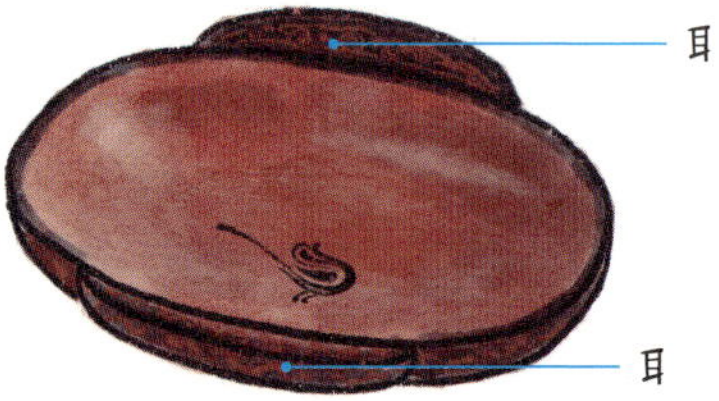

彩绘漆鸟纹耳杯

湖北江陵高台汉墓出土

杯可以用来饮酒，也可以盛羹。《史记·项羽本纪》说："必欲烹而翁，幸分我一杯羹。"杯的质料有玉、银、铜、漆等，汉代很流行。

角形玉杯
南越王博物院藏

鎏金铜框玉盖杯
南越王博物院藏

八铺首云纹青铜杯
长沙博物馆藏

彩绘云鹤纹漆耳杯
安徽博物院藏

飞光，飞光，劝尔一杯酒。

*图中的酒杯叫作“角”，形似爵，但没有流和柱，是商周时地位较低的人所用的饮酒器。

盥洗器

古书上常见槃（盘）匜并举，二者是配合起来用的盥（guàn）洗器。匜像一只瓢，有把，有足，有盖。《左传·僖公二十三年》记载怀嬴为晋公子重耳“奉匜沃盥”，可见匜是用来浇水洗手的。

pán
槃
金文

盛水用器具
圆形，少数方形
通常有两耳
圈足，无盖
内底常有花纹

散氏盘
台北故宫博物院藏

重环纹匜
西安博物院藏

yí
匜
金文

浇水用器具
近椭圆形
三足或四足
无盖 / 有盖
有流

古代祭祀燕飨（xiǎng）有沃盥的礼节，用匜浇水洗手时，下面用槃接住水，所以《说文》说槃是“承槃”。

礼记·内则
进盥，少者奉槃，
长者奉水
请沃盥。
盥卒，授巾。

古人在举行祭祀仪式和宴请贵宾之前，要用盘和匜洗手，叫作“奉匜沃盥”。洗完之后，用巾擦干。

《周礼正义》：沃盥者，谓行礼时必澡手，使人奉匜盛水以浇沃之，而下以槃承其弃水也。

上古槃又用于饮食，《左传·僖公二十三年》提到“乃馈盘飧（sūn）”，《史记·滑稽列传》提到“杯盘狼藉”（依桂馥说），但还不是现代所谓的盘子。现代的盘子是瓷器发达以后才出现的。

“虢（guó）季子白”青铜盘
中国国家博物馆藏

这件西周青铜盘是迄今所知商周时期最大的水器。盘底铸有百余字铭文，根据铭文记载，这件重器是为纪念虢季子白（虢宣公，名子白，季是排行）的战功而铸造的。

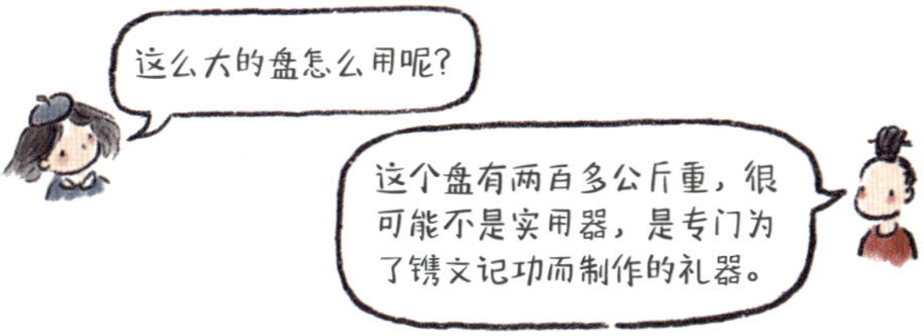

这段文字描述了战国时期贵族夜宴临近结束时的场景。“杯盘狼藉”，形容杯子和盘子放得乱七八糟。

陶器

以上所说的饮食用具，大多数是贵族所享用的，平民则用陶制的鬲盆盂罐等器而已。

陶器的历史比青铜器久远得多。青铜器因其贵重而后来居上，但其形制大都能在陶器中找到原型。到商周时，又反过来出现了模仿青铜器形式的陶器。

陶尊

陶卮

陶正

周代官职，掌管陶器制造事务

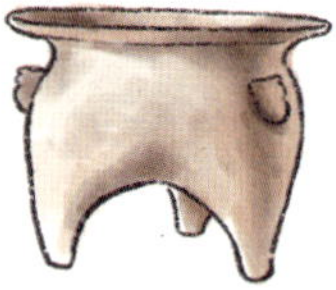

陶鬲

这件是模仿青铜器制作的陶质礼器

陶鼎

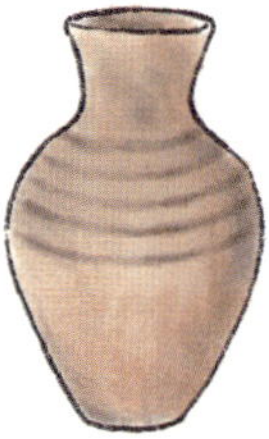

陶瓶

青褐釉，弦纹

陶盂

陶碗

用高岭土做的白陶

陶豆

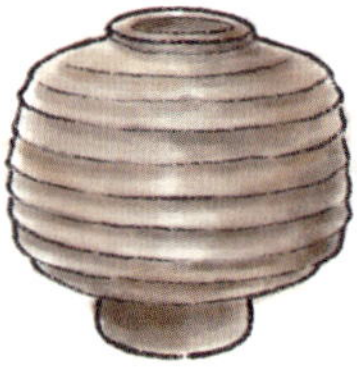

陶簋

虽然这个角度有点像猫，但其实是个猪。

陶壶

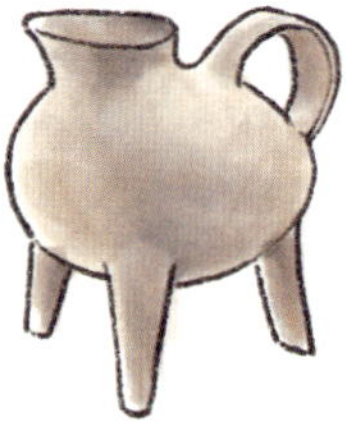

陶盉

陶器是怎么制作的？

陶器的制作技术，早在新石器时代就出现了。根据陶器上的指纹分析，早期陶器主要是由女性制作的。随着技术发展，陶器的塑形方法从手制逐渐发展为轮制，烧成技术也从无窑烧制演变为有窑烧制。有了窑炉，就能更好地控制烧成气氛和烧成温度，得到质地更佳、色彩更丰富的陶制品。

① 选材

选择合适的黏土

粉碎，淘洗，过滤

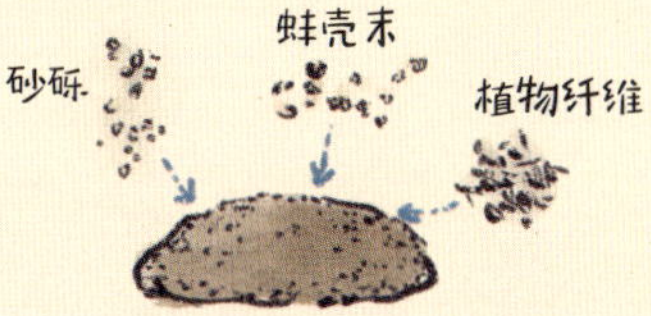

加入砂砾等掺和料，提升陶土的硬度、可塑性和耐火性

② 塑形

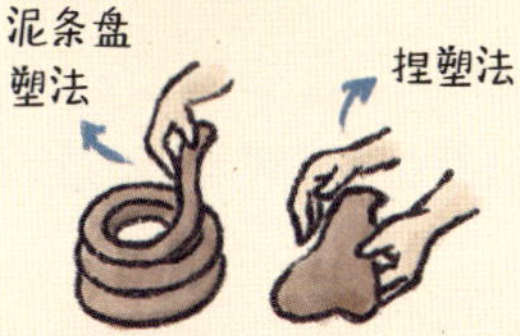

手制法
直接捏塑，或者用泥条一圈圈盘绕塑形

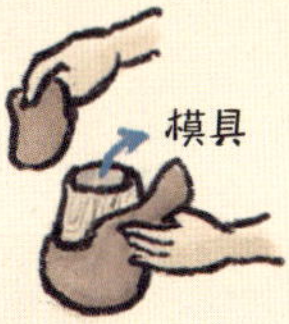

模制法
把泥片贴在模具上，再拍打整形

轮制法
利用旋转的陶轮塑造和修整器形

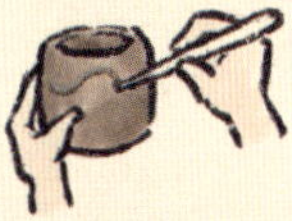

添加装饰
用刻划、压印、锥刺、涂色等方式添加纹饰

③ 烧制

先把泥坯晒干，在烧制前去除泥中的水分

起初没有窑，就在平地上堆起一圈柴草，覆盖住陶器，点火直接烧制

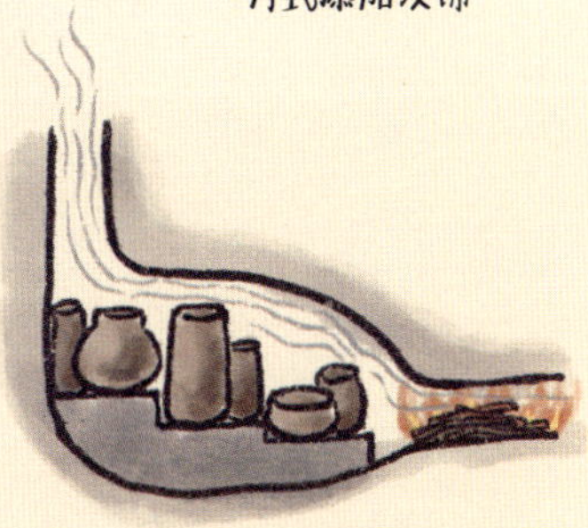

后来出现了窑烧，陶器的烧成温度得以提高，品质也进步了

物无非彼，
物无非是。
自彼则不见，
自知则知之。

那么……就暂时告别啦。

主要参考文献

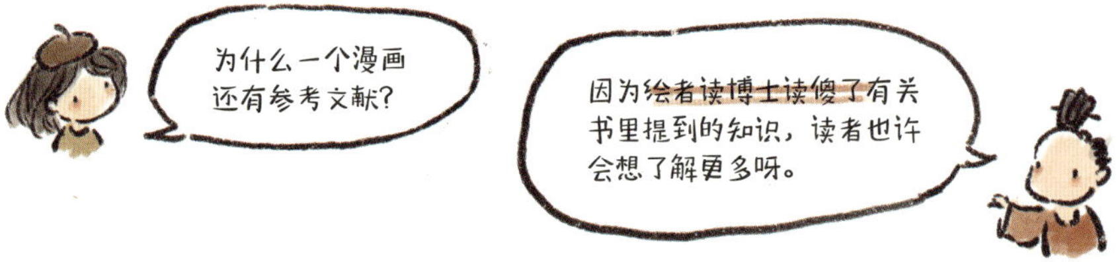

杨伯峻《论语译注》，中华书局，2009

杨伯峻《孟子译注》，中华书局，2005

程俊英，蒋见元《诗经注析》，中华书局，1991

程俊英《诗经译注》，上海古籍出版社，2016

王文锦《礼记译解》，中华书局，2016

杨天宇《礼记译注》，上海古籍出版社，2004

杨伯峻《春秋左传注》，中华书局，2009

杨宽《西周史》，上海人民出版社，2003

孙机《中国古代物质文化》，中华书局，2014

孙机《汉代物质文化资料图说》，中华书局，2020

许嘉璐《中国古代衣食住行》，北京出版社，1988

许嘉璐《中国古代礼俗辞典》，中国友谊出版公司，1991

扬之水《诗经名物新证（修订版）》，天津教育出版社，2007

王明德，王子辉《中国古代饮食》，陕西人民出版社，1988

周锡保《中国古代服饰史》，中国戏剧出版社，1984

孙机《中国古舆服论丛（增订本）》，文物出版社，2001

黄能馥，陈娟娟《中华历代服饰艺术》，中国旅游出版社，1999

陈维稷主编《中国纺织科学技术史（古代部分）》，科学出版社，1984

叶大兵，钱金波主编《中国鞋履文化辞典》，上海三联书店，2001

傅熹年《中国科学技术史 · 建筑卷》，科学出版社，2008

中国科学院自然科学史研究所主编《中国古代建筑技术史》，科学出版社，1985

宿白《中国古建筑考古》，文物出版社，2009

章莎菲《〈仪礼〉宫室细部新证》，载《中国典籍与文化论丛》第 20 辑，凤凰出版社，2018

杨鸿勋《杨鸿勋建筑考古学论文集（增订版）》，清华大学出版社，2008

刘大可《中国古建筑瓦石营法（第二版）》，中国建筑工业出版社，2014
刘永华《中国古代车舆马具》，上海辞书出版社，2002
孙机《载驰载驱：中国古代车马文化》，上海古籍出版社，2016
练春海《汉代车马形像研究：以御礼为中心》，广西师范大学出版社，2012
汪少华《中国古车舆名物考辨》，商务印书馆，2005
秦始皇兵马俑博物馆，陕西省考古研究所《秦始皇陵铜车马发掘报告》，文物出版社，1998
汪维辉，赵川莹《輗、軏、轭、衡、槅考辨》，《文史》2024 年第 1 辑
李云河《中国古代障泥考》，《江汉考古》2022 年第 5 期
李学勤《中国青铜器概说》，外文出版社，1995
中国社科院考古研究所编《殷墟青铜器》，文物出版社，1985
胡德生《中国古代的家具》，商务印书馆国际有限公司，1997
扬之水《唐宋家具寻微》，人民美术出版社，2015
唐玄之，刘兴林《中国古代灯、烛原始》，《中国科技史料》1998 年第 2 期
徐中舒《耒耜考》，《农业考古》1983 年第 1 期、第 2 期（原刊于 1930 年《国立中央研究院历史语言研究所集刊》第二本第一分册）
王毓铨《中国古代货币的起源和发展》，中国社会科学出版社，1990
陈振中《青铜农具铚艾》，《古今农业》1990 年第 1 期、第 2 期
杜廼松《青铜匕、勺、斗考辨》，《文物》1991 年第 3 期
叶喆民《中国陶瓷史》，生活 · 读书 · 新知三联书店，2011 年

●标有 的是延伸阅读书目，是推荐给一般读者的普及性读物。
●其他文献则是书中某些知识和学术观点的来源，对相关问题有兴趣的读者也可以阅读参考。

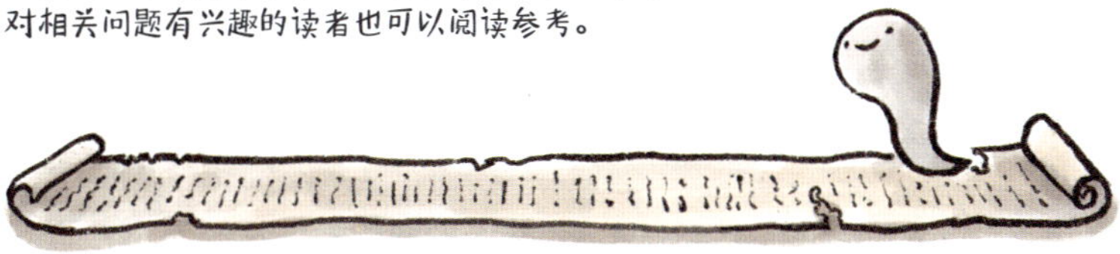

部分参考图片出处

P21　**西周组玉佩复原图**
孙机《周代的组玉佩》,《文物》1998 年第 4 期：第 12 页，图八战国组玉佩模式图（据郭宝钧）

P27　**原始织布场景**
陈维稷主编《中国纺织科学技术史（古代部分）》，科学出版社，1984：第 24 页，图 I5-1-5 吊挂式编织

P27　**踞织机使用场景**
陈维稷主编《中国纺织科学技术史（古代部分）》，科学出版社，1984：第 26 页，图 I5-2-2 腰机织造示意图

P27　**汉代斜织机复原图**
陈维稷主编《中国纺织科学技术史（古代部分）》，科学出版社，1984：第 200 页，图 III5-1-4 汉代织机复原图

P33　**战国绵袴复原图**
沈从文《中国古代服饰研究》，商务印书馆，2011 年，第 136 页：图四六 绣绢绵袴结构图

P77　**商代宫殿建筑遗址平面复原图**
杨鸿勋《杨鸿勋建筑考古学论文集（增订版）》，清华大学出版社，2008 年：第 119 页，图 13 盘龙城宫殿 F1 复原图

P78—83　**宫室复原透视图**
章莎菲《〈仪礼〉宫室细部新证》，载《中国典籍与文化论丛》第 20 辑，凤凰出版社，2018：第 153 页，图 10 天子、诸侯、大夫庙堂形制平面图

P84　**陕西岐山凤雏村遗址复原图**
傅熹年《中国古代科学技术史 · 建筑卷》，科学出版社，2008 年：第 78 页，图 3-17 陕西岐山凤雏村西周宗庙遗址构架复原图

P84　**咸阳一号宫殿遗址复原图**
杨鸿勋《杨鸿勋建筑考古学论文集（增订版）》，清华大学出版社，2008 年：第 208 页，图 6 咸阳宫第一号遗址复原总体南立面图及透视图

P84　**未央宫前殿遗址复原图**
杨鸿勋《杨鸿勋建筑考古学论文集（增订版）》，清华大学出版社，2008 年：第 242 页，图 7 陕西西安汉长安城未央宫遗址前殿复原设想鸟瞰图

P84　**洛阳宫殿平面复原图**
傅熹年《中国古代建筑史（第二卷）》，中国建筑工业出版社，2001 年：第 110 页，图 2-2-2 北魏洛阳宫殿平面示意图

P85　**大明宫麟德殿遗址复原图**
傅熹年主编《中国古代建筑史（第二卷）》，中国建筑工业出版社，2001 年：第 387 页，陕西西安唐长安大明宫麟德殿全景复原图

P85　**元大都大明殿遗址复原图**
傅熹年《中国古代科学技术史 · 建筑卷》，科学出版社，2008 年：第 500 页，图 8-9 元大都大内大明殿一组平面复原图

P86　**河南偃师二里头二号宫殿复原**
杨鸿勋《杨鸿勋建筑考古学论文集（增订版）》，清华大学出版社，2008 年：第 92 页，图 5 河南偃师二里头建筑复原鸟瞰图

P88　**台榭建筑复原图**
傅熹年《古建撷英：傅熹年建筑画选》，文津出版社，2019 年：第 4 页，战国中山王墓复原鸟瞰（1979 年）

P93　**早期木构建筑复原想象图**
中国科学院自然科学史研究所主编《中国古代建筑技术史》，科学出版社，1985 年：第 15 页，图 1-3-11 半坡 F24 复原图

P94　**半穴居复原图**
中国科学院自然科学史研究所主编《中国古代建筑技术史》，科学出版社，1985 年：第 12 页，图 1-3-5 半坡 F21 复原图

P95　**扶风召陈宫殿遗址中的建筑基础**
杨鸿勋《杨鸿勋建筑考古学论文集（增订版）》，清华大学出版社，2008 年：第 153 页，图 2 召陈 F3 磉、础、柱构造

P96　**陕西周原出土瓦件**
傅熹年《中国科学技术史 · 建筑卷》，科学出版社，2008 年：第 78 页，图 3-18 陕西周原凤雏、召陈遗址出土瓦件图

P99　**版筑工艺说明图**
傅熹年《中国科学技术史 · 建筑卷》，科学出版社，2008 年：第 57 页，图 2-26 用桢干和版筑两种方法筑墙示意图

P99　**版筑施工场景**
杨鸿勋《杨鸿勋建筑考古学论文集（增订版）》，清华大学出版社，2008 年：第 148 页，图 6 商周至近代的版筑工艺

P100　**常见砖墙砌法**
刘大可《中国古建筑瓦石营法（第二版）》，中国建筑工业出版社，2014 年：第 80 页，图 3-3 卧砖的砖缝形式

P102　**斗栱透视图**
梁思成《图像中国建筑史》，《梁思成全集（第八卷）》，中国建筑工业出版社，2001 年：第 23 页，图 2 中国建筑之“柱式”（斗栱、檐柱、柱础）

P103　**铜方案中的斗栱形象**
傅熹年《中国科学技术史 · 建筑卷》，科学出版社，2008 年：第 94 页，图 3-35 河北平山战国中山国王厝墓中出土铜方案上的斗栱形象

P110　**殷墟 M7 号车马坑**
刘永华《中国古代车舆马具》，清华大学出版社，2013 年：第 11 页，图 2-6 河南安阳殷墟孝民屯南地 M7 号车马坑发掘现场图及车马坑内的铜饰物（根据照片绘制）

P114—115　**独辀马车复原图**
刘永华《中国古代车舆马具》，清华大学出版社，2013 年：第 IX 页，独辀车车舆马具名称说明图

P120　**辐辏（局部复原）**
刘永华《中国古代车舆马具》，清华大学出版社，2013 年：第 23 页，图 2-21 河南安阳孝民屯出土 M7 号车复原图

P127　**四马驾车**
刘永华《中国古代车舆马具》，上海辞书出版社，2002 年：第 41 页，图五十（4）后李殉车综合复原图

P128—129　**车舆附件说明图**
刘永华《中国古代车舆马具》，上海辞书出版社，2002 年：第 61 页，图七十二　河南三门峡虢国墓地 M2012CHMK2 号车马坑 15 号车复原图（毂饰、车軎、軏饰取自同坑其他车，或同地其他墓出土实物）

P131　**马具说明图**
刘永华《中国古代车舆马具》，清华大学出版社，2013 年：第 XI 页，马鞍具名称说明图
孙机《载驰载驱：中国古代车马文化》，上海古籍出版社，2016 年：第 153 页，图 8-18-4 唐马的鞍具（据 8 世纪的马俑复原）

P132　**马头**
刘永华《中国古代车舆马具》，上海辞书出版社，2002 年：第 120 页，图一四九（3）秦始皇陵铜车马 1、2 号车马骖马辔头

● 书中插图系以参考图片为基础改绘，对原图信息可能有增删。
● 此处仅罗列具有独创性质的参考图片出处，插图中出现的文物形象摹绘自各博物馆官方网站提供的文物影像，或学术论文中引用的文物照片，不再一一出注。

编后记

这本图文并茂的小书，是根据王力先生主编的《古代汉语》四卷本教材中部分内容编绘而成的。

原书中这部分内容题为“古代文化常识”，出自第三册第八、九单元的“古汉语通论”，是为帮助学生理解古文中涉及的名物典章制度而编写的。根据《古代汉语》初版前言中的编写分工，“古汉语通论”这部分内容系由马汉麟、郭锡良、祝敏彻三位先生执笔，又经萧璋、许嘉璐、刘益之审阅，成稿之后，更延请赵克勤、吉常宏、吕叔湘、丁声树、朱文叔、叶圣陶、姜亮夫、洪诚、殷孟伦、陆宗达、张清常、冯至、魏建功等多位专家学者审订修正，最后由王力先生统稿。

将这部分内容单独抽印为《中国古代文化常识》，是出版机构面向大众的一次有益尝试。该书一经面世，即广受欢迎，成为数十年来长销不衰的图书，影响几代读者。许多人从少年时代就常备案头，以供语文学习参考。

但是，真正能将这本书看完且看懂的读者，恐怕并不太多。这本小书虽然语言浅近，但信息密度极高，涉及范围既深且广，远非“常识”而已。要想弄懂书中内容，对普通读者而言，其实相当吃力。原因正如前述——此书本来并非面向普罗大众编写的通俗读物，而是供中文系《古代汉语》课程教学使用的专业教材。也就是说，撰稿人心目中的读者，是已经学完前两册《古代汉语》，古汉语和文学史已有一定基础的中文系二年级学生。作为教材，使用时还有教师讲解，因此书中内容不必追求阐释详尽，提纲挈领，简明扼要即可。加之整套教材篇幅有限，采用点到为止的写法，是相当合理的。

然而，这样的体例对于广大普通读者来说，无疑有相当的阅读门槛。许多读者出于了解古代文化常识的渴求，购买了这本《中国古代文化常识》，然而翻开才发现此书并不那么易读，只好束之高阁；又或是囫囵吞枣地读过，仍对书中内容一片茫然——这样的状况也相当常见。对一本知识普及图书而言，不能不说有些遗憾。显然，要想让大多数并非中文系出身的读者也能消化书中的知识信息，适当的笺注和通俗化工作还是必要的。

在保留《中国古代文化常识》原文不变的基础上，以知识漫画的形式添加注解，同时适当增加一点趣味性，使之成为人人都能轻松读懂的普及读物，这是我们编绘这本小书的初衷。希望这个对当代年轻读者更加友好的版本，也能告慰当年为编写书中内容倾注大量心血的诸位前辈学者。

《中国古代文化常识》这个书名很容易引起误会，乍看之下，仿佛一部涵盖上下五千年的文化小百科。这当然不是薄薄一本小书所能办到的。实际上，编写此书的目的，如前所述，是为了辅导古代汉语的学习，帮助学习者理解文言文中出现的陌生概念。文言文是上古汉语的书面语言，在语言学家眼中，先秦和西汉时期的文献被认为是最正统的文言文，此后书面语与口语日益分离，东汉之后的古文都摹仿先秦，仍然采用上古汉语的词汇和语法。因此，本书所举语例多为先秦两汉诗文，尤重儒家经典，而很少语及魏晋以下。书中所介绍的社会文化知识，自然也主要与这一历史时期相关，这在涉及名物的章节尤其明显。换言之，本书所述的时代范围，总以先秦为主，兼及两汉，许多地方并未论及更晚期的状况。读者若有兴趣对其他时代的状况作进一步了解，不妨参看书后所附的延伸阅读书目。

许多读者反映，原书只有文字而无插图，一些涉及具体形象的知识内容不易理解。因此，我们编绘这本小书时，引用了许多历代文物图像和考古成果，以期与文献互证，为原文提供更直观的解释。但是，“互证”的期望，并非时时处处都能实现。不少时候，文献记载和出土实物是存在分歧的。这是因为，许多先秦文献在后世被奉为经典，得到一代又一代经学家的注疏；但在20世纪中国考古学建立之前，历代大儒几乎都没有机会见到“地下之材料”，只能凭借自己的理解和想象对经典作出训释。这些训释结论历代相传，逐渐形成新的经典，虽与考古所见的事实不符，却也成为一种观念上的史实。在理解古代文献时，这样的分歧是必须予以注意的。

文字记述的历史，是一部观念史；通过考古证据重构的历史，则是一部物质史。观念史的真实与物质史的真实，有时并不重合，但并不妨碍各自存在的意义。这里不拟对此探讨过多，读者不妨在分歧之处展开自己的思考。

本书的编绘体例是一种探索性的尝试，因此有必要在此将我们的考虑向读者略作说明。

书中宋体排印的正文部分，是《古代汉语》书中原文；其余图注文字，均系本书编绘者所加。对于原文部分，我们的原则是尽可能一字不动。由于成书年代较早，原文中一些遣词用句或许已经与当代读者的阅读习惯不符，但为尊重原貌起见，仍未擅改，只为了体例的缘故，对极个别字句的顺序做了调整。此外，在原书基础上又增加了一些生僻字注音。

编后记

原书中有不少脚注，有些是初版作者自己所加，也有些是再版过程中修订者所加。脚注的性质可分两类，一类是对正文知识点作解释或补充，另一类是说明正文观点的文献出处，或补充异文、异说。对前一类脚注，我们一律予以保留，有些用括号直接夹注在正文中，也有些改为图注。对于后一类脚注，我们认为更近于学术规范所需，对一般读者意义不大，且不易理解，故酌情删去。其中一些对于普通读者可能也有参考价值的内容，则仍然在图注中保留。

原著摘引了大量《论语》《左传》《诗经》等习见先秦文献，本来是为了配合古代汉语教学，将所讲知识与这些中文系学生应当熟习的古文联系起来，以增进学习的动机与趣味。但是，对于今天的一般读者而言，这些文献可能相当陌生，文句本身也不易索解。因此我们在编绘过程中，尽可能地对所引古文作了简要释义，但限于篇幅和体例，仍有少数古文未予译注，恳请读者谅解。

书中安排了几个贯穿始终的小角色，设计灵感来自古代传说，是想拜托这几位生活在上古时期的朋友，用闲聊的方式介绍他们所熟悉的古代世界；也便于读者代入其中，以平视的视角观察古人的日常生活。

由于增加了大量插图和图注，篇幅增加，我们拟将全书分为三册出版，保留原书的章节分法，章节顺序则打乱重排。本书是第一册《古人的生活》，即原书的第10~14章，集中介绍中国古代的物质文化，按照“衣食住行”的顺序编排；第二册《古人的社会》介绍古代社会的组织与运行；第三册《古人的世界》则介绍古人对所处世界的认知。

书稿编绘过程中，曾得到不少朋友的热心襄助，虽不能一一列举，但必须由衷感谢每一位帮忙校阅初稿和在专业领域为我们答疑解惑的朋友。策划编辑张博炜为此书倾注的心力尤多，此书之所以能够与读者见面，应该说很大程度上是要归功于博炜的。

当然，书中的讹误与不足，仍然应由编绘者负责。此书虽小，涉猎却广，编绘者学力不能及处，错讹难免，尚祈读者方家不吝指正。

“物格然后知至”，我们希望读者合上此书时，能对中国古代文化多几分亲近感，添一点好奇心。

王力

1900~1986

原著主编

语言学家、教育家、翻译家、散文家。北京大学中文系一级教授，中国现代语言学的奠基人之一。毕生从事语言科学的教学和研究工作，出版学术著作四十余种，在汉语语法学、音韵学、词汇学、汉语史、语言学史等方面均有重要贡献。

梦雨

插画、图注

毕业于浙江大学和清华大学，获博士学位。现任故宫博物院副研究馆员，从事文物保护科学研究工作。业余绘制插画，出版过一些小人书。

Z z z

图书在版编目（CIP）数据

中国古代文化常识：古人的生活：漫画版 / 王力主编；梦雨编绘. -- 南京：江苏凤凰文艺出版社，2025. 8（2025. 8 重印）. -- ISBN 978-7-5594-9570-9

Ⅰ. K220.3-49

中国国家版本馆 CIP 数据核字第 2025VG4328 号

中国古代文化常识：古人的生活（漫画版）

王力 主编　梦雨 编绘

项目统筹　张博炜
责任编辑　曹　波
特约编辑　张博炜
装帧设计　墨白空间·曾艺豪
责任印制　杨　丹
出版发行　江苏凤凰文艺出版社
　　　　　南京市中央路 165 号，邮编：210009
网　　址　http://www.jswenyi.com
印　　刷　北京盛通印刷股份有限公司
开　　本　889 毫米 ×1194 毫米　1/32
印　　张　5.75
字　　数　174 千字
版　　次　2025 年 8 月第 1 版
印　　次　2025 年 8 月第 3 次印刷
书　　号　ISBN 978-7-5594-9570-9
定　　价　58.00 元

江苏凤凰文艺版图书凡印刷、装订错误，可向出版社调换，联系电话 025－83280257